올더스 헉슬리

오만한 문명과 멋진 신세계

차례
C o n t e n t s

서두

올더스 헉슬리만큼 20세기 영미문학에서 문학과 철학, 과학 그리고 심리학의 문제를 포괄적이고 깊이 있게 다룬 작가는 드물다. 그는 인간과 우주에 대한 끊임 없는 구도자적 자세로 어마어마한 지식을 동원, 삶의 의미를 본질적으로 규명하려는 작가적 임무에 평생 동안 충실하였다. 현대문명이 지나친 과학기술의 발달로 균형을 잃어버릴 때 어떤 비인간적 세계가 벌어지는지 천재적 예언가의 눈을 가지고 진단하였고 서양의 사상과 기계 문명중심사상은 결국 인류를 파국으로 몰고 간다는 엄중한 경고를 하면서 동양의 사상과 전통적 지혜에서 대칭적 치유책을 찾아야 한다고 그는 역설한다. 시대정신을 올바르게 읽어 대안을 제공하는 그의 예언자적 혜안과 통찰력은 제학문과 인간사에 대한 절차탁마의 탐구정신과 실험정신에 기초하고 있다.

육체적 고통과 정신적 충격을 이겨내면서 성숙하는 올더스 헉슬리는 인간성의 부정적 측면을 긍정적으로 변모시키고 동물의 차원에서 신의 차원으로의 승화 속에서 참다운 인간모습을 찾는다. 인간이 원숭이 같은 동물의 차원에서 서로 살육하며 세계를 황폐화시키느냐 아니면 인간이 인간다운 제 위치를 잘 지키며 조상이 남긴 아름다운 유산을 잘 보존하고 이율배반적 요소를 어떻게 조화, 절충, 통합하여 상생원리를 실천하느냐 하는 것을 그의 문학적 과제로 여긴 올더스 헉슬리는 풍자와 철학적 사유와 이상향에 대한 동경을 융합하여 그의 모든 작품을 현대문명에 대한 비판의 수단으로 삼고 위기의 현대를 사는 우리에게 여러 가지 교훈을 남겨주고 있다.

올더스 헉슬리의 생애

올더스 헉슬리는 저명한 영국의 과학자 가문과 문학가 가문의 사이에서 태어났다. 그의 할아버지 토마스 헨리 헉슬리는 다윈의 진화론을 발전시킨 저명한 과학자였고, 형 줄리안 헉슬리는 생물학자로서 과학적 인문주의를 신봉하였고 초대 유네스코 사무총장을 역임하기도 했다. 그리고 이복동생 앤드류 헉슬리는 노벨상을 수상한 유명한 생리학자였다. 19세기 시인 중 하나인 그의 어머니는 옥스퍼드 대학의 시학교수인 매슈 아놀드의 질녀로서 옥스퍼드 대학에서 영문학을 공부한 재원이었다. 이렇듯 헉슬리의 친가와 외가 쪽 모두 인간과 세계의 커다란 근원적인 문제를 고민하고, 그것을 풀고자 애쓴 가문의 전통을 가지고 있다.

올더스 헉슬리는 원래 의학을 공부하려고 옥스퍼드 의대에 진학했으나 눈이 나빠 도중에 영문학과로 전과해서 공부하고 오랫동안 신문 언론계에서 문예비평을 담당하였다. 이러한 그의 출생배경과 성장배경은 과학뿐 아니라 예술, 문학, 종교 등 광범위한 인문학에 대한 그의 넓은 견해와 비평안을 키워 그의 문학세계를 한층 심화시키고 다양하게 만들었다. 그는 평소 예술, 문학, 과학은 모두가 하나라는 통합주의적 일원론적 사상을 가지고 있었다.

특히 1825년 태어난 올더스의 할아버지 토마스 헉슬리는 매우 탐험심이 많아 오스트레일리아와 뉴기니아 지역에서 수중탐험을 하면서 생물학을 연구하였고 외과 조수로도 일했을 뿐 아니라, 자신이 세계를 여행하며 겪은 경험을 일기와 전기에 기록하는 문학적 기질을 보여주었다. 그의 과학자적 정신과 문학적 성향이 그의 후손 특히 손자들에게 영향을 끼쳐 더 풍성한 열매를 맺게 하였다. 그는 단테를 원어로 읽기 위해 이태리어를 배울 정도의 학구열이 있었으며 독일 시와 춤에도 흥미를 가졌고 호주 원주민들에게 인류학적 관심을 가지기도 했다.

그의 동생 제임스 헉슬리는 의사이자 정신병리학자로 성공하였다. 원기 왕성하고 학문과 매사에 적극적이고 열성적이었던 토마스 헉슬리는 자연사 교수가 된다. 병약해진 아내 때문에 호주에서 영국으로 돌아가는 배 안에서는 잠이 오지 않아 칸트와 헤겔을 독파하였고, 바닷가에서 생물표본을 수집, 해부하여 그 연구결과를 발표하였다. 그는 다윈의 혁명적 진화론을 지지하는 과학자와 철학자들의 지도자적 위치에 오른다.

올더스 헉슬리에게서도 이런 그의 할아버지의 열성적인 기질, 일과 사교활동을 조화롭고 강렬하게 병행시키는 성향을 엿볼 수 있다. 헉슬리 가문의 가훈은 올바르면서 알기 쉬웠다. 토마스는 대학에서 일반 자연사 과목을 맡아 비교해부학과 고생물학을 강의하면서 과학계의 거두들과 격렬한 논쟁을 통해 자신이 연구한 바를 논리적으로 이해시키고자 했으며 강연과 저작활동에도 열심이었다.

1859년에 출간된 다윈의 『종의 기원』은 20세기의 핵에너지 개발과 유사한 충격적인 이론이었는데, 비등하는 논란의 가운데에서 토마스 헉슬리는 다윈의 진화론을 적극적으로 옹호, 지지하면서 그것을 대중화하는 데 앞장섰으며 점점 설득력을 얻어 승기를 잡아간다. 인간의 조상이 동물에까지 거슬러 올라간다는 것을 해부학생리학적 지식을 총동원하여 증명한 그의 대표작이 『자연 속에서의 인간의 위치』이다. 후세의 헉슬리 가문을 관통하는 중요 연구 관심사가 된 이 문제는 정신과 물체의 연관성에 대한 탐구로 그 영역이 확대되면서 올더스 헉슬리의 세계관에 영향을 끼치게 된다.

토마스 헉슬리는 다윈 학설을 뒷받침하는 저술과 강연을 이곳저곳에서 계속하며 단순한 과학자 이상의 사상가·교육자로서 활약했다. 창조론을 주장하는 교회와의 논쟁을 조직화시키는 데 앞장섰고 형제자매의 가정사를 돌보아 주었으며 일곱

명의 자식들을 화목한 가정환경에서 양육하려고 끊임없이 노력했다. 등산과 여행, 격한 운동을 즐겼고 인생 후반에 들어서면서부터 교육과 윤리문제에 깊은 관심을 가진 그는 영국 학술원의 서기 겸 회장직과 오웬 대학교, 이튼 학교의 교장직을 맡기도 했다. 또한 대영 박물관의 이사추밀원의 고문관직과 선출직인 런던 교육위원, 국립 과학대학의 학장을 역임했고 『기초생물학』을 저술하였으며 1870년에는 새로운 교육제도 수립에 크게 기여했다.

그의 「교양교육과 그것을 찾을 수 있는 장소」라는 글은 그의 교육철학을 잘 드러내주고 있다. 그는 여러 다른 견해를 중재하고 조정하는 능력이 매우 탁월했고 여러 분야에 해박한 지식을 원융圓融통합하는 기술 또한 뛰어났다. 그는 『타임머신』 등의 과학 미래 상상소설을 쓴 H. G. 웰즈 같은 저명한 인사를 가르쳤다. 건강이 나빠지고 경제적으로 어려워지는 가운데서도 다윈의 친구들로부터 도움을 받아가면서 1873년 『척추 없는 동물 해부학 편람』을 써내기도 했다.

애버딘 대학의 총장으로 선출되었고 러스킨, 틴덜, 매슈 아놀드, 칼라일 같은 인사들과 교류하면서 1876년 미국에서 초청장을 받고 아내와 함께 미국을 방문했던 그는 하버드 대학에서 교수직을 제안받지만 아내의 건강과 자녀들을 이유로 거절한다. 헉슬리 가문의 전통은 진리와 선의 궁극적 가치를 최고로 인식하여, 고차원적인 사유 속에서 검소하지만 정열을 가지고 살면서 넓은 지적 관심, 끊임없는 절차탁마, 격물치지의 정신으로 지적인 업적을 쌓고 솔직하면서 도덕적 용기를 가지고 살자는 것이었다.

올더스의 아버지 레오나드 헉슬리는 옥스퍼드 대학에서 공부하고 대학 재학 중 부인 줄리아 아놀드를 만난다. 줄리아의 아버지는 목사 출신의 토마스 아놀드로 올더스 헉슬리는 외할아버지가 되는 그를 닮게 된다. 종교적·지적 분위기에서 성장한 올더스의 어머니 줄리아는 영국 국교 교리를 초월하여 인간의 서로 통합할 수 있는 더 넓은 세계관을 추구하였다. 옥스퍼드대학 영문학과를 수석으로 졸업하고 1855년에 레오나드 헉슬리와 결혼, 1913년에 시집을 출간하여 시인이자 옥스퍼드 대학교수인 삼촌, 매슈 아놀드로부터 찬사를 듣는다. 레오나드는 학교 교감으로 시골에 가서 가정을 꾸미고 토마스 헉슬리는 60세가 되어 은퇴 후 연금생활을 하게 되지만 창조론과 진화론에 대한 공방에는 적극 참여하였다. 그는 과학과 종교의 근본적 차이점을 거론하면서 종교적 교리를 대체할 새로운 윤리체계의 수립이 필요하다고 역설하였다.

이런 그의 인생관, 세계관이 그의 손자들에게도 전수되어 줄리언은 인본주의적 과학을 탐구하게 되고 올더스는 과학과 문학의 융합을 모색하게 된 것이다. 많은 자녀를 두었던 토마스 헉슬리는 손자, 외손자, 외손녀들을 거느리는 대가문의 중추로서, 은퇴하고 시골로 내려간 후 건강을 보살피다가 죽는다. 마지막 순간까지 담대하고 낙관적이며 긍정적인 인생에 대한 태도를 유지했던 그는 35년 전에 먼저 세상을 떠난 첫째 아들 노엘의 무덤 옆에 묻힌다. 사후 5년 뒤인 1900년, 과학과 인문학, 또 과학과 종교 사이의 갈등과 지적 도전을 지혜롭게 극복, 화합과 균형의 미를 실천한 그를 기념해 국립 역사박물관 앞에는 그의 동상이 세워졌다.

1894년 유명한 과학자적 전통의 아버지 집안과 문학적 전통의 어머니 집안에서 셋째 아들로 태어난 올더스는 어려서부터 건강이 좋지 않았다. 큰 형 줄리언은 옥스퍼드에, 둘째 형 트레브는 이튼 학교에 다녔으며 올더스는 유명한 공립학교 힐사이드 부설 유아원, 유치원을 다닌다. 그의 아버지 레오나드는 5년간의 교직 생활을 그만두고 그의 부친 토마스 헉슬리에 관한 두 권짜리 전기 집필에 착수한다. 어머니 줄리아는 여학교를 설립하여 학구적 태도와 세상의 아름다움에 대한 지칠 줄 모르는 관심을 가지고 중고등학교 여학생들을 교육하다가 1908년 아들 셋과 딸 하나를 두고 일찍 세상을 떠난다. 그때 올더스는 14세였고 그의 아버지는 53세였다.

세 아들은 어머니의 죽음에 충격을 받고 평생 '이 세상에서의 인간의 운명이란 무엇인가'에 대한 관심을 갖게 된다. 첫째 줄리안은 옥스퍼드를 졸업하고 생물학을 가르치기 시작하고 장학금을 받고 이탈리아 여행을 떠난다. 둘째 트레브는 과학과 형이상학적 사고의 접점에 대해 관심을 갖게 되고, 셋째 올더스는 옥스퍼드에 들어갔으나 거의 실명위기에 빠지고, 외동딸 마가렛은 어머니가 세상을 떠났을 때 아홉 살에 불과했다.

어머니와 외가 쪽을 닮은 올더스에게 그의 어머니의 죽음은 아주 큰 충격을 주었고, 감수성이 예민한 그는 언어와 문학에 대해 관심을 가진다. 1911년 각막염 수술을 받고 거의 장님이 된 그는 이튼 학교를 그만두게 된다. 형 줄리안은 미국라이스 연구소에서 초청을 받아 휴스턴에 도착, 첫 번째 저서로『동물왕국에서의 개성』을 출판하고 신경쇠약증과 약혼 파기 등 고통스런 위기상황을 극복한다. 올더스는 1913년 옥스퍼드에서 다시 학업을 계속하고 둘째 트레브는 우울증으로 요양소 신세를 지다가 결국 목매어 자살하는 비극이 벌어진다.

레오나드는 로자린느 부르스와 1912년 재혼하고, 눈이 좋지 않은 올더스는 밀튼처럼 외부세계보다 인간의 내면세계를 더 파고든다. 대학 시절부터 신비주의에 관심을 갖고 본질적 존재의 총체적 성격을 규명코자 했던 그는 대학 졸업 후 공무원으로 잠시 근무하다가 영국 최고 명문 중고교인 이튼 학교에 교사로 취직한다. 과학의 효율성과 미학적 쾌락 양면세계의 결합을 추구하는 줄리언은『어느 인문주의자의 수필』을 써서 과학자적 인문주의의 가치관을 피력한다.

토마스 헉슬리의 과학주의적 세계관과 아놀드 매슈의 문학주의적 세계관이 줄리언과 올더스 두 형제에게서 대위법적으로 더 발전되는 양상을 띤다. 아버지 레오나드는『콘힐』이라는 잡지의 편집장이 되고 자기 부친에 대한 전기를 쓴 뒤에 19세기 영국 과학계의 삼총사 헉슬리, 후커, 틴달 중 후커와 틴달의 전기를 집필하는 등 왕성한 작품활동을 전개한다.

어머니를 일찍 여의고 둘째 형의 자살 그리고 시력상실의 충격을 극복, 다시 일어서는 올더스는 이율배반적 삶의 모습을 상상력으로 승화시킴으로써 자신의 세계를 구축하는 길로 들어선다. 벨기에 출신의 마리아 니스와 결혼하고 과학문명의 횡포에 공포감과 혼돈감을 느끼면서 연극·예술 비평가로 성장한다. 1930년대에 『옵저버』지에 실린 글에서 그는 "내가 글을 쓰는 주요동기는 하나의 어떤 관점을 표현코자 하는 욕망이었다. 아니, 차라리 분명하게 하고 싶은 욕망이었다. 나는 나의 독자를 위해 쓰지 않는다. 사실 나는 나의 독자들에 대해 생각하는 것을 좋아하지 않는다. 더 나아가 나는 글 자체를 위해 글을 쓰기를 좋아한다. 나는 내가 어떤 재능을 소유하고 있음을 의식하고, 내 스스로에게 단지 문학적 문제를 해결하기 위해 그것을 행사하기를 원한다. (중략) 나는 인생에 대한 어떤 안목을 분명히 하는 데 관심을 가지고 있다."라고 작가로서의 자신의 입장을 밝힌다.

그는 자신의 작품활동의 근거를 어떤 하나의 관점을 표현하는 데서 찾았다. 독자를 의식해서 쓰는 게 아니라 자신이 제기하는 인생이나 문학에 대한 문제의 해답을 찾아 하나의 관점을 명백하게 하기 위해 글을 쓴다는, 약간 유아독존적인 제임스 조이스의 예술관을 보인다.

사물의 궁극적인 실체를 이해하려는 올더스 헉슬리의 격물치지의 인생관은 어려서부터 난해한 주제에 대한 엄청난 백과사전적 지식을 습득하게 했고, 다양하고 복잡한 인생에 대한 태도와 본질의 개념에 대한 새로운 진보는 『대위법』이라든가

『목적과 수단』『크롬 옐로우』 같은 작품 속에서 여러 주인공들의 토론과 반론을 통해 잘 대변된다. 문명 비판적인 내용들이 많기 때문에 때로는 인간 혐오자 혹은 비관주의자라는 오해를 받기도 했지만 올더스 헉슬리는 과학이 사회와 인간에게 미치는 영향을 집요하게 파헤치려고 했다. 그의 작품 속에는 수많은 예술가, 과학자, 작가, 사상가 등의 지식층이 많이 나오는데, 그것들은 모두 다양한 그의 사상을 대변하는 역할 분담자로 여겨진다. 그는 동양의 신비주의에도 관심을 가지고 인도를 여행하였고, 여행을 통해 인간 세상의 다양성과 또 공포성을 본다. 1920년대는 아내와 함께 프랑스, 스위스, 이탈리아 등지를 여행하며 생활했던 그는 문명비판적 자연주의자였던 D. H. 로렌스로부터 큰 영향을 받기도 했다. 프랑스 방스에서 로렌스가 임종할 때는 가까운 호텔에서 머무르며 그를 보살피면서 두 작가의 어떤 강렬한 동기감응의 극적인 순간을 체험했다.

세계와 그 속의 문제들에 대한 포괄적이며 객관적인 접근 방식을 희극적인 시각과 비극적인 시각의 양면적 시각을 취하고 있는데, 그것은 과학과 문학에 대한 그의 이중적인 관점과 통한다. 인생 후반기에는 첫째 부인 마리의 죽음, 자신의 구강암, 문명비판의 동조자로서 그에게 영향을 준 D. H. 로렌스의 죽음이 준 정신적 충격이, 전반기의 고난과 겹쳐 그로 하여금 인생에 대한 허무주의적 관점으로 그의 작품 속에 어두운 그림자를 던졌고, 인생 혐오자라는 오해를 불러일으키기도 했다.

그러나 이러한 인생의 양면적 모습에 대한 철저한 인식과 서로가 서로를 비춰주는 거울로서의 예술과 과학의 상호연관성, 또 물질과 정신 사이의 애매모호하면서 신비스러운 관계에 대한 그의 지칠 줄 모르는 탐색이 역설과 예언의 문학적 업적을 이루어 20세기 지성의 양심을 대변케 하고 있다.

1929년에 H. G. 웰즈, 아놀드 베네트 그리고 줄리언 헉슬리와 함께 올더스는 문학잡지 『리얼리스트』를 창간하였다. 그는 인간의 역경, 인간 상황의 변화, 과학이 제기하는 위험성과 가능성, 환경에 대한 인간의 통제, 모든 문제는 인간의 정신적 직관에 의해 해결될 수 있다는 투철한 믿음, 그리고 그런 직관은 한 세기 전 그의 할아버지가 관심을 가졌던 정신과 물질의 경계지대에서 발생한다는 생각을 정리하면서 주지주의적 태도에서 신비주의 태도로 전환한다.

1936년에 나온 「조이스, 예술가적 장인」이라는 글을 쓰기까지 올더스는 1927년부터 9년에 걸쳐 18권의 책을 써내 유명해지기 시작한다. 그는 인도인들의 인과업보에 대한 불교적, 힌두교적 관점에 공감하면서 이성과 논리가 아니라 어떤 초월적이고 환상적인 것이 있어 그것에 의해 인간사가 벌어진다는 견해를 밝혔다. 또한 반유토피아적 소설인 『멋진 신세계』를 발표하여 과학의 오용과 남용으로 비인간화된 세계의 참혹상을 제시하였던 그는, 30년이 흐른 후 죽기 몇 달 전 자신의 예언이 오늘날 현실이 되고 있다고 지적한다.

올더스 헉슬리의 문학작품에는 희극적인 시각과 비극적인

시각이 공존하고 있는데, 특히 이념에 대한 비판이 주조를 이루고 있고 히틀러 집권체제에 대해서도 비판적 태도를 견지하였다. 정치와 현실로부터 어느 정도 거리를 유지하려고 했으나 철학자 러셀 등과 같이한 평화 운동에는 적극적으로 참여하다가 1937년 거의 실명상태에서 미국으로 떠나간다.

조부에게서 이어받은 학문과 진리에 대한 헌신적 탐구, 세계의 문제점들에 대한 포괄적이며 개관적인 안목을 가문의 전통으로 이어나간 올더스는 인간의 각 영역, 육체와 정신세계의 특징, 기의 움직임에 대해 특별히 관심을 가졌다. 그의 이복동생 앤드류는 생리학자로 노벨상을 타고 그의 두 고모와 결혼한 에커슬리 가문은 점차 번창하여 토마스 헉슬리의 퇴조와 함께 사교의 중심지가 되어갔다. 뿐만 아니라 토마스 헉슬리의 외손자인 토마스 에커슬리는 그의 형제들과 라디오 개발에 심혈을 기울여 영국 BBC 방송의 최고 기술자가 된다.

열정적인 탐구와 지속적인 거경궁리의 학문적 자세는 자손들에게 유전되어 다방면의 인재들을 배출해냈다. 줄리언 헉슬리는 동물학회의 비서직을 맡게 되고 그의 아들 앤소니 헉슬리도 아버지의 뒤를 이어 활동하였다. 교회의 과학에 대한 폐쇄적 관점에 반기를 들고 고정관념을 깨뜨리고 새로운 진리를 전했으며 제2차 세계대전 중에도 라디오 대담 및 토론 사회자로 적극적인 과학 홍보활동에 나섰고 1942년부터 꾸준히 저술활동을 병행해서 『필연의 자유』 『인간의 독특성』 『혁명 속의 삶』 그리고 방대한 『진보-현대적 통합』 등을 발표하여 할

아버지 토마스 헉슬리의 초인적인 지적 정력을 과시하였다.

그들의 공통적인 관심사는 인간의 이 우주 속에서의 위치는 무엇이며 그것에 대해 인간은 무엇을 할 것인가 하는 문제였다. 줄리언은 제2차 세계대전 후 세계문명은 자유방임주의가 아니라 사회적 가치를 중시하여 자유와 책임의 균형을 이루게 해야 한다면서 원자폭탄을 유엔 감시하에 둘 것을 제안하였다. 그의 과학 철학적 안목에 영향을 받아 학자들이 인간과 환경의 연구자로 배출되기 시작했다.

전쟁을 피해서 미국으로 도망쳤다는 영국인들의 오해와 비난 속에서 1937년 올더스 헉슬리는 아내 마리, 열일곱 살 된 아들 매슈와 함께 노르만디호를 타고 미국에 도착, D. H. 로렌스와 같이 차를 타고 서부로 출발, 뉴 멕시코주 인디언 원주민들이 사는 타오스 지역을 방문한다. 동양의 신비주의에 심취하기 시작하면서 국내 및 국제 정치, 전쟁과 경제, 교육, 종교, 윤리 등의 문제를 궁극적인 실재의 본성론에 융합시키고자 시도하고 자신의 윤리적 원칙을 천명하는 『목적과 수단』을 완성한다.

미국이라는 나라가 보여주는 어떤 희망에 애착을 느껴 1938년 로스엔젤레스에 정착하여 처음으로 선과 악, 환상과 실재, 그리고 회춘의 문제를 다룬 소설 『수많은 여름이 지나간 뒤 백조는 죽다』를 써낸다. 나빠졌던 시력도 바트스 방법과 훈련을 통해 조금이나마 회복한 그는 신비주의자들의 삶을 분석하기 시작한다. 가톨릭 신비주의와 불교, 힌두교의 종교적 체험에 몰두하면서 1944년, 현재 이승에서 벌어지고 있는 부정과 비리에 대한 불교적 해결을 모색한 『시간은 멈추어야 한다』를 발표한다. LA 근교에 목장을 사서 평화와 침묵의 분위기 속에서 신비주의에 더욱 몰두하며 친구 제랄드 허드와 같이 트라버코 대학을 설립하기도 한다. 그는 자기가 쓴 책 중에서 어떤 것을 제일 잘 된 것으로 여기냐는 질문에 『시간은 멈추어야 한다』라고 답하면서 "그 책은 나의 가장 많은 감정을 이입시켰다. 때문에 내가 성취하지 못한 어떤 힘이 작품 속에 들어가 있다"고 말했다.

그의 『만년 철학』은 요가 또는 다른 신비주의, 예를 들면 세례 요한, 중국 도가 사상가들, 불교와 힌두교의 경전 저자들, 모하메드 신봉자 등 세계의 성인이나 예언자들의 명언들에 대해 자신의 입장을 밝히면서 형성되었다. 그의 『만년 철학』 개념은 신성한 실재를 인정하는 형이상학으로서 영혼 속에서 신성한 실재와 비슷한 어떤 것을 찾는 심리학이며 인간의 마지막 목표를 모든 존재의 내재적이고 초월적 근거에 대한 깨달음 속에서 찾는 윤리의식이다.

과학의 대중화에 힘쓴 형 줄리언에 반해 동생 올더스는 정신적·문화적 현상에 집중한다. 전쟁 후 우울한 침체상황 속에 있는 유럽의 모습을 아내와 같이 이탈리아를 방문해 목격한 뒤, 캘리포니아 산림지대인 라이트우드에서 은거생활에 들어가 타고난 그의 기질 중의 하나인 비관론적 관점으로 과학과 전쟁에 의해 황폐해진 인간세계를 동물세계에 빗대며 풍자적인 글을 쓴다. 그것이 『원숭이와 본질』이다.

　좋지 않은 시력 때문에 날카로워진 청력의 힘으로 기억에 의해 산을 오르내리는 일과 속에서 그는 하루에 500단어씩 글을 쓰는 데 몰두하여 요셉 신부의 생애를 다룬 예전의 글『막후의 실력자』를 확대해『루던의 악마들』을 써낸다. 이후 올더스는 인류학 분야에도 관심을 가져 멕시코 경계 지대의 원주민들의 생활상을 알아보게 된다. 그는 원주민들이 선인장으로 만든 메스칼린주酒를 마시면서 환각상태에 빠져드는 심리적 과정을 아주 면밀하게 분석하고 신비주의자들이 겪는 육체이탈과도 같은 것에 대해 체험한다. 감각이 어떻게 작용하는지 미학적 탐색을 계속하고 마약도 실험삼아 복용하며 요가도 실천하여 핏속의 이산화탄소가 어떻게 화학적 변화를 통해 분해되는지를 과학자적 명증성과 정밀성으로 조사 분석하여 그것을 『감각의 문』과 『하늘과 지옥』이라는 책 속에서 밝혀낸다. 그는 메스칼린이 육체적, 정신적으로 우주를 확대시키는 신비의 약이 될 수 있음을 증명했다.

　올더스가 그의 일생에서 겪은 세 가지 충격이 있다면 그것은 어려서의 어머니의 죽음, 시력상실, 그리고 형의 자살이었다. 그리고 존경했던 D. H. 로렌스의 죽음 및 아내의 암 등으로 계속된 정신적 황폐함 속에서 1953년부터는 '궁극적인 실체란 무엇인가'에 관심을 가진다. 또한 1955년에는 죽은 로렌스의 동반자 프리다와 죽음의 예술에 대하여 토론하였고, 대승불교에 대해 관심을 가졌다. 그는 아내가 죽자 1956년 이태리의 바이올린 연주자, 로라 아처와 교제하고 아들 매슈는 의학 공부를 시작하다가 1961년부터 인류학에 관심을 갖기 시작하면서 페루의 아마존 원주민들을 연구하여 『에덴이여 안녕』이라는 책을 펴낸다.

올더스는 1960년 캔사스주 토페카에 있는 메닝저 재단에서 방문 교수로 6주간의 강의를 하는데 그 주제는 '우리는 누구인가?' '심령적 혹은 환상적 체험' '역사 속의 개인' '인간의 가능성' 등이었다. 그는 매사추세츠 공과대학에 인문학 방문교수로 있으면서 『섬』이라는 작품을 쓰는데, 이 작품은 동양과 서양의 조화로운 화합을 통해 개인의 잠재능력이 실현되는 이상사회를 그린 소설이다. 1961년 5월 12일에는 살던 집에 화재가 일어나 할아버지가 물려준 볼테르의 『깡디드』 원판을 위시해 책 3천 권과 원고와 편지들을 거의 잃어버리고 자신의 삶 중 1/4이 사라져 버렸다며 한탄해 마지않았다. 이후 그는 혀에 종양이 생긴 구강암 진단을 받았지만 기적적으로 침술에 의해 치료되고 1961년 유럽을 여행하면서 심리학에 관심을 가지고 여러 국제회의에 참석한다.

올더스는 암울한 인간 미래상을 그린 『멋진 신세계』나 『원숭이와 본질』과는 다르게 그가 동경해 마지않는 긍정적이고 낙천적인 사회를 『섬』 속에 투영시켜낸다. 그 작품에 대해서 올더스 스스로는 "위대한 역사, 폴리네시아 인류학, 산스크리트어와 중국어로 된 서적, 그리고 불교 경전, 약리학, 신경생리학, 심리학, 교육에 관한 논문들, 더불어 소설, 시, 비평, 기행문, 정치 논평, 철학자에서부터 배우, 정신병원의 환자로부터 롤스로이스를 타고 다니는 재벌들에 이르기까지 온갖 사람들과의 대화, 이 모든 것이 나의 유토피아적 방앗간의 깔때기 속으로 곡물이 되어 들어가 이 작품이 되었다"고 논평하였는데, 이것에서 알 수 있듯『섬』은 그의 인생 말기에 집필한 야심 찬 작품이었다. 구강암이 재발되면서 육체의 저항력과 어느 것이 승리하느냐 하는 고통 속에서도 예술과 문학과 과학은 하나다 라는 할아버지 토마스 헉슬리에게서 배운 위대한 진리를『문학과 과학』속에 총정리하였다. 또한 올더스의 부인이 된 로라 헉슬리는 심리치료사가 되어『당신은 표적이 아니다』라는 책을 써서 성공을 거둔다.

이후 그는『멋진 신세계』에서 천진무구한 야만인, 존의 고향으로 묘사되었던 뉴멕시코주의 고원지대로 아내와 여행하고 로스앨라머스 과학실험소에서 1,100명의 청중 앞에서 강연을 하였다. 그는 자신의 환상적 체험을 이야기하면서 인간상황의 정치적 양상에 대해 생물학적 양상으로 주의를 기울일 필요가 있다고 역설하였다.「생태학의 정치학 -생존의 문제」라는 논문 속에서는 형 줄리언과 비슷한 견해를 피력하였는데 인종 전체의 생존과 가능한 한 많은 개개인의 남자와 여자의 선의, 지성 그리고 창의력을 실현시키기 위해서 오늘날의 세계에서는 좋은 현실적인 정치로서 생태정치학을 제창하였다.

1963년 마지막으로 유럽을 방문하고 마지막 글로「셰익스피어와 수필」을 썼다. 육체와 영혼의 경계상에서의 특이한 체험으로 불교의 선禪에 관심을 갖고 멕시코의 버섯에서 채취하여 합성한 환각제의 일종인 사이러시빈과 영매로서의 무당, 사후의 세계와 텔레파시 등의 초월심리학에 마지막 열정을 기울이다가 케네디 대통령이 암살되던 날인 1963년 11월 22일, 케네디보다 몇 시간 후에 숨을 거둔다.

　인간의 우주만물, 자연 속에서의 위치에 대한 토마스 헉슬리의 질문은, '과학과 예술은 서로를 비춰주는 거울'이라는 입장 속에서 정신 그리고 꿈에 대한 부단한 천착으로 20세기 거대한 문학의 금자탑을 세운 그의 손자, 올더스 헉슬리에서 명백한 대답을 얻지 못했지만 그 애매모호한 정신과 물질의 상관관계에 대해 적지 않은 빛을 던져 주었다.

『멋진 신세계』

올더스 헉슬리가 예견하고 있는 미래는 과학기술의 지나친 남용으로 인해 인간성이 파괴되는 끔찍스러운 세계이다. 그것은 결코 멋진 세계도 아니고 용기 있는 세계도 아니다. 한 난자에서 180가지의 인간을 생산해내는 공장과 그 아이들을 타율과 강제에 의해 주어진 조건 속에서 교육, 훈련시키는 장면으로 『멋진 신세계』는 시작된다.

실험용 병 속에서 태아가 자라나고 267일 만에 기계적으로 대량생산되는 태아들은 햇볕이 드는 방으로 옮겨져 병마개가 따진 후 유아실로 들어간다. 그 인간생산공장의 모든 작업자들은 소장의 명령에 복종하는 개성 없는 간호원들로서 8개월 된 아이를 꽃과 책으로 향하게 하는 조건부여 작업을 시행한다. 저능의 아이들이 책과 꽃을 미워하게 함으로써 능률과 효과를 극대화시키겠다는 것이 포드라는 절대적인 인물의 철학이다.

총 관리인인 머스타파 몬드는 독재자 포드의 하수인이고, 그 밑에 소장 헨리 포스터와 국장 토마스라는 자가 있다. 몬드는 전 세계를 총괄하는 관리인들 중 하나로서 유럽을 담당하고 있다. 이 시대는 포드가 절대자로 취급되어 연도의 지칭도 '포드 탄생 후 몇 년'으로 명명된다. 이런 전체주의적 계급사회에서 가정생활이라는 것은 위험시된다. 또한 인간감정을 최소화시키고 안정적 세계질서를 최고가치로 여기는 사회윤리 속에서 진정한 사랑은 싹트지 못하고 왜곡되고 금기시된다. 두뇌가 우수한 최면교육 전문가로 등장하는 인물인 버나드 맑스는 이러한 병적인 인간관계를 보여준다.

올더스 헉슬리는 이 작품 속에서 '비인간적 기계문명의 횡포에 맞설 수 있는 것은 셰익스피어로 대변되는 인문학정신'이라는 점을 나타내고자 했다. 비록 인간성의 유지와 회복이 점점 어려워지는 시대적 상황을 맞고 있지만, 문학으로 이 끔찍한 기계문명의 질곡에서 벗어날 수 있다는 작가적 소명의식을 드러내고 있는 것이다. 앞으로 몇십 년 후에 닥쳐올지 모르는 이 사회의 주요 지배 원리는 '공공성' '단일성' 그리고 '안정성'이다. 이런 통치이념에 반하는 것은 모두 금지되고 과거의 인간사회의 흔적도 소멸되며 과거의 모든 책들은 금기시된다.

등장인물 중 하나인 레니나의 애정행각은 여러 남자와 번갈아가며 벌어진다. 그녀는 태아였을 당시 병에 알코올이 실수로 떨어져 생김새가 찌그러지고 우울하며 감성이 없고 소심한 성격인 버나드 맑스, 낙천적이고 쾌활하지만 지성만 발달된 오만한 성품의 베니토 후버, 인간생산공장의 공장장 헨리 포스터, 그리고 감정공학 대학의 감성교육 엔지니어이자 글쓰기를 가르치는 알파 프러스의 엘리트인 헬름홀즈 왓슨 등과 수시로 접촉한다.

인간생산공장에서는 인간의 계급이 알파, 베타, 감마, 델타 등으로 정해져 필요한 인간유형이 결정, 생산되는데, 이 신세계의 통치체계에 제대로 적응하지 못하고 반감과 혐오를 가지는 자들은 알파의 계층, 맑스와 왓슨과 같은 두뇌작업자들이다. 그들은 정신적으로 과잉상태에 있으며 개성의식이 있고 신세대의 온갖 기상천외한 오락에 취미를 느끼지 못하여 통치체계의 구호와 선전을 만들어 내면서도 그것에 스스로 동화되지 못하는 소외된 유형의 인물들이다.

올더스 헉슬리의 문학은 풍자와 역설의 문학이다. 이런 현대 문명의 첨단과 종착이 비인간적으로 병적인 도착상태임을 천명하면서 그것에 대한 대안으로서 어떠한 집착과 강박관념으로부터도 자유롭고 해탈의 경지에 다다를 수 있는 불교적 동양사상을 제시하는 넓은 세계관을 보이는 데서 그의 문학세계의 위대성이 있는 것이다.

레니나는 내성적이며 사교성이 없는 버나드 맑스를 꺼려한다. 그 이유는 전체주의적 사회에서는 체제에 순응하는 것이 행복인데 그러지 못하고 자신의 자유를 추구하는 버나드의 자기모순에 대해 그녀는 부자연스러움을 느끼기 때문이다. 버나드 맑스는 런던 신생아 부화조절 센터의 소장인 포스터에게 도전하고 저항하며 지적 우월감과 육체에 대한 열등의식의 이중적 갈등 속에서 벽지 아이슬란드로 전출을 당할 위기에 봉착한다. 토마스는 25년 전 뉴멕시코로 여행을 갔을 때 그곳에서 애인을 잃어버린 일이 있었음이 드러나는데 그 사건이 작품 뒷부분에 나오는 린다라는 여인과 그녀의 아들 존에 관한 이야기로 전환되면서 작가가 이 작품에서 말하고자 하는 요지가 밝혀진다.

버나드 맑스는 레니나를 데리고 뉴멕시코의 인디언 원주민 보호구역으로 여행을 간다. 그곳에서 기괴한 장면에 혐오감을 느끼는 레니나에게 버나드는 그것이 자연스러운 것이라고 설명한다. 아이에게 젖을 주는 모습, 소년을 채찍으로 때려 피를 흘리게 해서 뱀에게 뿌리는 노인, 풍년을 위해 기우제를 올리는 원시 신앙의 축제행사 등을 목격하는 중에 그들은 아주 늙어 흉한 모습을 하고 있는, 25년 전에 토마스의 애인이었던 린다와 그녀의 아들 존을 만난다. 이 부분에서 비인간화된 기계문명적 전체주의적 세계에 대한 대칭으로 인디언 원시인들의 가치윤리관이 제시되고 있는 것이다.

베타계급의 여인이었던 린다로부터 과거 지나온 인생의 역경과 고난을 듣고, 존으로부터 원주민인 포페가 자기 어머니와 잠자리를 같이 하고 어머니가 다른 사람들로부터 구타당하고 고생하는 것에서 애증의 갈등을 체험한 이야기를 듣는다. 어머니가 자기의 고향의 아름답고 행복한 문명세계에 대해 말할 때마다 동경심을 가지고 있었던 존은 어머니가 글을 가르쳐주어 서구 문명세계의 책과 셰익스피어 전집을 읽는다.

인디언들의 생식능력과, 불임이 문명으로 여겨지는 서구 문명사회의 갈등구조가 대비되어 존을 혼란시키기도 한다. 어머니에게서 들은 '멋진 신세계'의 서구 기계문명에 대한 동경과 인디언들의 종교, 신화가 가지는 자연적 은밀한 가치의 두 세계관 속에서 존은 성장한다. 그는 셰익스피어 전집을 읽으면서 말이 가지는 어떤 마력을 느끼며 어머니와 성관계를 가지고 있는 포페를 살해하려고도 하고 어느 노파에게 질그릇을 만드는 법도 배우면서 행복을 느낀다. 인디언들의 성인이 되는 의식에 참여했다가 백인이라는 이유로 배척당하며 벼랑 끝에서 피를 흘리며 서 있다가 달빛 속에서 시간, 죽음 그리고 신에 대한 어떤 커다란 깨달음에 도달한다.

어려서부터 유일한 즐거움이었던 셰익스피어 작품은 과학기술의 비정상적 과잉발달로 인한 인간성 상실의 비극적 상황을 치유할 수 있는 대칭적 처방으로 제시하고 있는데, 여기에서 우리는 올더스 헉슬리의 인간의 상상력과 예술적 직관에 대한 철저한 믿음과 철학을 엿볼 수 있다.

모든 사람들로부터 차단되고 따돌림 받으면서 살아온 존은 버나드 맑스와 비슷한 소외의식의 인물로 그려지기도 하고 십자가에 못 박힌 예수에 빗대어지기도 하는데 런던으로 가겠느냐는 질문에 "오, 멋진 신세계!"라며 경탄하고 레니나에게 어떤 연정을 느끼기도 한다. 셰익스피어의 『로미오와 줄리엣』 작품 속에서 나오는 남녀간의 욕정과 본능을 연상하면서 누워 잠들어 있는 레니나에게 성적 흥분을 느끼기도 한다. 린다와 존을 런던으로 데리고 온 버나드 맑스는 토마스의 과거 비밀을 폭로하여 자기를 벽지로 전출시키려는 소장에게 복수하고자 한다.

토마스는 존이 아버지라고 부르자 당황해하며 어쩔 줄을 모르고 사실관계를 부인하다 다른 사람들의 조소를 받으며 국장직을 사퇴한다. 이 사건이 있은 후 린다와 포스터의 자연스런 성관계에 의해 태어난 존재라는 것에 대한 호기심으로 그는 인조인간들에게 유명한 존재가 되지만 린다는 오히려 처량한 신세가 되어 소마를 과잉복용하면서 환각상태에 빠진다. 존을 데리고 와 그를 이용하여 기세를 얻는 버나드 맑스는 존이 문명세계에 대해 경외감이나 존경심을 가지지 않고 오히려 영혼의 문제에 관심을 가진다고 지역 총 지배자인 머스타파 몬드에게 보고한다.

학교를 방문하는 존은 셰익스피어 대신 감정공학이나 죽음 예비교육, 혹은 후각, 시각, 촉각을 살린 음악 교육이 시행되는 것을 본다. 야만인으로 취급되는 존은 레니나에게 연정을 느끼지만 그녀가 육체적으로 접근하면 오히려 피하고 셰익스피어 작품 속에서 위안을 느낀다. 버나드 맑스가 제멋대로 사람들을 초대하여 자기를 구경시키려고 하는 것에 거부감을 느끼는 존에게 레니나는 후각, 촉각, 시각의 효과가 생생하게 연출되는 영상물과 감성공학의 연회장에서 사랑을 고백하려고 하지만, 대중들에게 막강한 호소력을 지닌 인기가수에게 레니나가 끌려 나가자 버나드 맑스는 낙심한다.

『로미오와 줄리엣』을 읽고 자기가 로미오이고 레니나가 줄리엣이라고 여기면서 자기 위안을 얻는 존은 왓슨과 친해진다. 왓슨도 『로미오와 줄리엣』이야말로 탁월한 감성공학의 산물이라고 공감을 표시하는데, 이는 셰익스피어로 대변되는 문학의 본연적 가치와 힘이 첨단생명공학에 비해 얼마나 더 큰 것인가를 보여주는 사례이다. 레니나는 또 소장 포스터와 관계를 가지면서 존을 생각하다가 어느 병 속에 태아에게 주사약을 주는 것을 잊어버려 결국 그 아이가 22년 8개월 4일 후 어떤 질병에 걸려 죽음에 이르게 한다.

여러 남자들과 관계를 갖지만 만족을 얻지 못하고 원시인인 존만을 애타게 원하는 레니나는 결국 그를 찾아가 구애하고, 존은 남자가 결혼하려면 사자나 늑대의 가죽을 여자에게 주고 관계를 갖는다는 인디언 관습을 말하면서 그녀의 육체적 접근은 거부하면서 셰익스피어의 싯귀절을 읊어대며 자신을 잔인하게 때려 상처를 입히는 광란적인 심리상태를 보인다. 이는 자기 어머니의 성관계를 목격한 뒤 생긴 성혐오증에 따른 심리적 자학증세인지도 모른다. 그는 44세의 나이로 병원에서 죽어가고 있는 어머니 린다를 찾아가 옛날 일을 회상한다.

그의 뇌리에는 어머니가 들려주던 문명화된 저 다른 세계의 아름다운 공상의 이미지가 소중하게 간직되어 있었지만 어느새 포페와의 추악한 장면들이 대신 자리를 차지하는 모순적 애증의 심리상태에 빠진다. 포페에 대한 질투심에 린다를 마구 흔들어 숨을 못 쉬어 죽게 만든 후 존의 울부짖는 통곡이 병원에서 평안한 죽음의 현장 교육을 받으러 온 아이들과 간호원들을 놀라게 만든다.

어머니가 죽은 뒤, 일과를 끝마치고 소마를 배급받기 위해 병원 현관에 모여 웅성대는 똑같은 모습의 인조인간 162명에게 존은 소마는 행복을 주는 약이 아니라 독약이라고 외쳐댄다. 그는 자기가 그들에게 해방과 자유를 주기 위해 왔다며 노예가 되기 싫으면 인간성을 회복하고 진정으로 멋진 신세계를 건설해야 한다고 부르짖다가 대중의 분노를 사 공격을 받고 폭동진압 경찰에 체포되어 맑스, 왓슨과 함께 서유럽 통치자 몬드에게 끌려간다.

몬드와의 대화에서 존은 문명이 좋은 점도 있고 아름다운 점도 있지만 자신은 그것이 싫다면서 셰익스피어의 시가 감정공학의 어느 첨단 예술보다 더 훌륭하다고 말한다. 그에 대해 몬드는 행복은 안정 속에서 찾을 수 있다면서 하층 계급일수록 만족해하고 행복을 느낀다는 것을 자기가 시행한 두 실험을 예로 들어 설명한다. 하나는 사이프러스 섬에서 22,000명의 최고급 부류의 알파형들을 정착시켜 농업과 기타 산업에

종사시켰으나 결과는 실패였다는 것, 또 다른 하나는 아일랜드에서 150년 전에 행한 실험으로 노동시간이 짧다고 행복한 것이 아니라 노동자들에게는 너무 많은 여가는 소요와 불안을 야기시켜 해롭고 과학이나 예술은 행복과 공존할 수 없다는 것이 증명됐다며 독재자적인 가치관을 표명한다.

그의 논리에 의할 것 같으면 행복이란 진리보다 더 다루기 어려운 것이고, 지식과 진리가 최고의 선으로 여겨졌던 과거와 달리 새로운 세계의 통치철학은 진리나 미로부터 안락과 행복을 추구하는 것으로 바뀌었다. 그는 행복이 우선하는 통치질서의 기본이념은 무한한 과학탐구의 자유가 통제되어 유토피아의 세계를 실현하는 것이라고 주장한다. 탄저병 폭탄이 나왔던 9년 전쟁 후 행복을 위해 예술, 과학, 종교가 희생되었으며 이제 모든 것은 쾌락을 주는 인기가수의 위력에 달려있다고 한다.

이에 반해 존은 사람이 늙어갈수록 종교적 감정이 더해지고 종교가 필요하다고 말하며, 항상 젊음의 욕망이 좌절되지 않고 오락의 대체물이 있으며 소마에 의한 쾌락이 보장된 현대의 사회질서 속에서 신이 있겠느냐는 몬드의 질문에 아마 있을 것이라고 대답한다. 존은 인디언 원주민의 마을에서 공동사회로부터 차단되는 고독한 생활을 했지만 런던에 와서부터는 공동생활로부터 벗어날 수 없고 고독해질 수 없는 역전된 상황에서 이중의 고통을 겪는다. 그는 『리어왕』을 인용하면서 "문명인은 불쾌한 것을 참을 필요가 있으며 자기 부정과 순결을 중요시해야 한다"고 말한다. 존은 불편한 삶을 원하고 신과 시를 원하며 자유와 선과 죄 그리고 위험을 원한다면서 문명사회의 노예가 되기를 거부한다.

맑스와 왓슨, 그리고 존은 개인의 자유가 중요하다고 말하며 이 문명세계를 떠나게 해달라고 몬드에게 청원한다. 더 이상 뭇사람들의 노리개나 실험대상이 되지 않고 혼자 있을 수 있는 곳으로 가고 싶어 하는 존은 언덕 위의 등대 옆에 숨어, 잠도 자지 않고 무릎을 꿇고 기도한다. 인디언 원주민의 수호신들과 예수에게 기도하면서 자기수련에 들어가는 것이다. 아무도 없는 고독한 상태에서 행복을 느끼면서 문명생활에 오염되지 않고 숲 속에서 자급자족 생활을 하면서 그는 기쁨을 얻는다. 불쌍했던 어머니도 생각하고 어머니에 대한 불효를 뉘우치면서 자신을 마구 채찍질하면서 참회의 시간을 갖는다.

사흘째 되는 날, 어떻게 알았는지 기자들이 찾아와 인터뷰를 요청한다. 어머니의 모습과 겹쳐 그의 머릿속에는 그가 매춘부라고 욕을 했던 레니나의 모습이 떠오르고, 그것에 고통을 느낀 그는 가시덤불에 넘어져 허우적대면서 실성한 것처럼 자신을 마구 때린다. 망원렌즈로 촬영된 이 광경이 '서레이의 야만인'이라는 제목으로 영화화되어 흥행에 성공을 거두자, 사람들은 떼를 지어 그에게 몰려들기 시작한다. 그들로부터 온갖 야유와 조롱을 받으면서 존이 원숭이 취급을 받는 중에, 레니나가 헬리콥터를 타고 와서 애원하듯 그에게 접근하지만 그는 채찍을 휘두르며 거절하고 자신을 마구 후려친다. 그러자 그곳에 있는 모든 군중들이 그를 따라 서로를 때리면서 야단법석의 노래와 난장판을 치른다. 자정이 넘어 모두가 떠나간 뒤 소마를 먹고 관능의 발작 상태에 지쳐 잠들어 있던 존은 깨어나 "오 나의 하나님, 나의 하나님!"을 외치다가 그날 저녁 천장에 목매어 죽은 시체로 발견된다.

『멋진 신세계』에는 문학과 과학의 화합적 절충과 조화를 작가 정신으로 하고 있는 올더스 헉슬리의 문학관이 잘 나타난 작품이다. 몬드가 작가의 한 측면을 대변하고 있다면 존도 다른 대칭적 측면을 대변하고 있는 것이다. 인디언의 자연 환경 속에서 셰익스피어의 정신을 교육받은 존은 예술의 순수성을 보호하려고 안간힘을 쓰다가 상상력의 자의적 파괴를 상징하는 자살을 기도하는데, 그의 자살은 기계문명과 인간성 보존의 갈등을 극복하지 못하는 한계점을 나타낸다. 이 작품의 내용은 작가가 600년 뒤를 예견하고 쓴 것이지만 실은 100년 뒤에도 가능한 것이다.

올더스 헉슬리는 자신의 외증조부인 매슈 아놀드의 주장, 즉 과학의 발전이 인간의 상상력, 그의 본연성과 가능성을 훼손시켜서는 안 된다는 경고를 문학적으로 실현시킨 것이다. 이것은 과학이 모든 것의 만병통치약이라 주장했던, 올더스 헉슬리의 할아버지인 토마스 헉슬리의 주장에 대한 반론이다. 철학자는 통치자의 위치에 있어야 한다고 플라톤이 주장한 것에 대해 올더스 헉슬리는 예술가, 특히 문학가가 새로운 세계

질서의 주동자 역할을 해야 한다는 작가정신을 이 작품 속에
투영하고 있는 것이다.

『다시 찾아가 본 멋진 신세계』

　『멋진 신세계』의 발표 후 27년이 흐른 1958년에 출간된 『다시 찾아가 본 멋진 신세계』는 문명비판적인 수필집이다. 『멋진 신세계』에서 설정된 미래는 '포드 기원 후 6~7세기라고 나오는데 헉슬리는 26~27세기를 염두에 두고 이 예언적인 작품을 썼을 것이다. 그는 개인의 자유와 창의가 묵살되고 완벽한 능률만 강조하는 전체주의적 사회체제의 등장을 예상한 것인데, 조지 오웰의 미래 상상소설인 『1984년』보다 더 개연성 있는 미래상을 그려내고 있다. 조지 오웰이 전체주의의 감시와 통제가 사랑의 자유조차도 박탈하는 것을 그린 『1984년』의 상황보다 『멋진 신세계』에서 예측한 대로 미래가 전개될 것이라며 능률이라는 이름하에 개인의 자율성과 창의성이 묵살되고, 현실감각을 둔화시키는 기술발전에 의한 신종 오락물의 범람으로 보다 더 심각한 인간성의 말살시대가 올 것임을 헉슬리는 사회심리학적 통찰력으로 예언하고 있다. 『1984년』과 『멋진 신세계』의 여러 차이점 중에서 특기할 만한 것은 전자에서는 인간의 사랑행위도 감시망에 걸려 벗어날 수 없지만 후자에서는 대중이 의도적으로 자유를 포기하고 의식이 마취되어 성관계를 아무런 정조관념 없이 마구 혼란스럽게 행한다는 것이다.

헉슬리는 자신이 예언하고 있는 과학 기계 문명의 심각한 부작용과 인간성 왜곡의 시대가 예측보다 빨리 다가오고 있는 것에 놀라워하면서, 현대 문명의 첫 번째 재앙으로 인구 과잉을 들고 있다. 그는 예수가 태어났을 당시 2억 5천만 명이었던 인구가 16세기에는 5억, 1931년에는 20억이 되는 등 매년 4천 3백만 명의 새로운 인구가 폭발적으로 증가하고 있음을 지적하였다. 또한 캘리포니아 기술연구원의 세 교수 해리슨 브라운, 제임스 본너, 존 웨어가 쓴 『앞으로의 백 년』이라는 책을 인용하며 앞으로는 전체주의적 독재체제가 등장할 것이며 인구과잉에 따른 경제적 불안정이 세계를 지배할 것이라고 예언한다. 다음으로 그가 제기한 문제는 과잉조직화이다. 기술이 발전하면서 권력이 집중됨은 물론, 대량생산과 대량분배로 기업과 정부가 비대해짐에 따라 인간의 기계화적 조직이 불가피하게 되고 신경증세가 나타나면서 정신병이 확산될 것이라는 것이 올더스의 주장이었다.

이 혼란스런 무질서에 조화와 중용, 균형의 정신을 부여할 수 있는 것은 지성과 예술뿐이다. 이런 점에서 올더스 헉슬리는 과학과 문학, 또는 모든 극단적인 양상과 입장을 융합시켜 절충하려는 중도주의적 입장을 천명하였으니, 그것은 중용의 미학이다. 과학과 예술을 균형 있게 조정하여 현대의 최신식 첨단 오락물들과 혼합시키려는 노력을 보여주고 있는 것이다. 또한 그는 미래사회의 문제점으로 독재체제의 선전을 예를 들며, 히틀러의 나치 독재처럼 라디오 전파뿐 아니라 낮은 계층에 대한 세뇌공작, 대중의 정신을 제멋대로 움직이려는 선전 전략에 대해 언급한다. 군중을 사로잡는 웅변술과 능수능란하게 대중심리를 조작하는 히틀러를 예로 들어 무의식을 통제하려는 습성과 대중의 집단적 광란을 사회심리학적으로 분석한 것이다.

올더스는 상품을 판매하기 위한 현대 사회의 선전술은 정치인들의 선거운동을 닮았고, 선거운동도 상업화되어 진실을 외면한다고 꼬집는다. 대량 판매를 위해 소외된 개개인을 충동하는 심리조작을 실시하는 등 선동가와 세일즈맨이 심리적 스트레스를 야기시켜 사람들을 병약하게 만들기 때문에 더욱더 최면술에 걸리기 쉽게 만든다는 것이다. 정치와 종교의 선전술이 일반대중을 광신분자로 만들거나 세뇌공작을 통해 이념의 노예로 만듦으로써 고위지식층들은 『멋진 신세계』에서처럼 외딴 섬으로 유배당하거나 고립된다는 것이 그의 주장이다.

또한 미래세계의 도착적인 사회상은 '화학적 설득'이다. 소마와 같은 약물을 복용시켜 우울증을 해소시키거나 좌절상태로부터 원기를 얻게 하는데 『멋진 신세계』에서는 소마 세 알만 먹으면 완전한 행복의 경지에 빠진다. 인간 두뇌에 화학 반응을 일으켜 환각 상태나 흥분 상태에 빠뜨리는 방법으로 독재자는 일반 대중을 통제한다.

대중을 설득하는 또 다른 방식은 잠재의식적 방법이다. 무의식 혹은 잠재의식에 어떤 이미지를 투사시키거나 암시효과를 주입시켜, 그것을 의식화시키며 특이한 최면상태에서의 교육에 의해 외국어 교육이나 암호습득 훈련을 실시한다. 암시 최면에 취약한 어린아이들을 이용하는 사업가, 정치가, 종교가 등의 출현을 경고한다.

이러한 미래의 인간성 왜곡 내지는 파괴에 대한 예방적 대책으로 헉슬리는 자유에 대한 교육, 즉 사실을 파악하여 사실대로 진술하는 가치관을 천명하는 교육을 강조한다. 교양과 환경도 중요하지만 개인의 타고난 품성, 천성도 중요하다고 주장한 그는 행동과학주의자들의 허위의식을 공격한다. 헉슬리는 각 개인의 중요성에 기반을 둔 인간세계의 다양성을 존중해야 함을 주장하며, 집합적 환경을 중시하여 그릇된 윤리 가치관을 세우려는 사회심리학자 및 인류학자들의 착오를 지적한다. 『멋진 신세계』에서 표준화된 기계적 인간생산, 유전자 조작과 출생 후의 조건화에 의한 통제적 조직화의 과정을 밟아가고 있는 정치체제나 기업체의 과대화의 폭정에 대항하기 위해 어린 자녀들에게 자유와 자기통제의 가치관을 가르쳐야 한다는 것이다.

그는 개인의 독창성과 다양성을 염두에 두고 자유와 관용 그리고 상호주의적 자비심의 가치를 심어야 함을 주장한다. 그러기 위해서는 언어의 적절한 사용법을 가르쳐 사실과 거짓을 구별하고 의미 있는 진술과 의미 없는 진술을 분간하도록 교육해야 한다면서 결론적으로 중용의 도를 강조한다. 맹신과 불신 사이에서 사실에 기반한, 일반적으로 수용가능한 가치의 천명을 위해서는 중용감각이 필요하다는 것이다.

자유를 위협하는 폭력을 통제하기 위해서는 출산을 조절하고, 식량생산을 증가시키며 피임약을 개발하여 효과적으로 인구과잉에 따른 자원고갈을 막고 자연파괴를 막아야 한다는 것이 올더스의 생각이었다. 그는 재산의 고른 분배를 통한 경제권의 분산과 지역 공동사회의 자치적 운영을 통한 새로운 이상향 건설, 예를 들면 스킨너 교수의 『제이의 월든』과 같은 유토피아적 세계를 제창한다. 행동과학 심리학자로 알려진 B. F. 스키너는 19세기 미국의 초월주의 사상가인 헨리 데이비드 소로우의 『월든』에서 제시된 인간의 자연과의 끊임없는 교류 속에서 마음 속에 영원한 평화를 얻는 동양적 이상세계를 염두에 두고, 기계와 인간을 접목시킨 문화공학을 창출, 그것에 입각하여 새로운 인간 공동사회에 대한 실험을 주제로 하는 『제2의 월든』을 썼다. 스키너의 행동과학은 개인의 유전성보다 환경을 더 중요시하는데, 끊임없는 실험을 통해 어려서부터 질투, 시기심, 경쟁의식 등의 악감정이 형성되지 않고 생산적이고 좋은 감정만 가지도록 심리적 훈련을 강조한다.

인간행동에 대한 기계적 관점이 좋은 삶은 성취하는 데 도움이 되기 때문에 그것을 시행하는 주인공인 심리학 교수 프레이저는 유능한 인간을 양성하기 위해 행동공학 윤리지침서를 만들어 공동체 구성원들에게 습득시킨다. 올더스 헉슬리는 『다시 찾아가 본 멋진 신세계』에서 행동과학자들의 오류를 지적하면서 환경이나 교육 못지않게 개개인의 선천석 유전성도 중요하다고 주장한다. 행동과학이론에 근거한 스키너의 이상세계에 대한 대안으로 올더스 헉슬리는 『섬』이라는 작품 속에서 동양과 서양의 조화로운 절충적 통합이라는 새로운 세계관을 제시하고 있다. 올더스는 신비적 기적을 제시하며 현혹하는 독재자들로부터 스스로를 보호하는 길은 어떤 독재적 권력에도 저항할 수 있는 자유정신임을 재삼 강조한다. 특히 미래의 과학적 독재 체제에 대해 심리적 노예가 되지 않기 위해 다각적인 복합적 처방이 마련되어야 함을 주장하였다. 『멋진 신세계』에 나오는 반유토피아적인 비참한 현실이 100년, 아니 두 세대 안에 있을지도 모른다고 경고하는 헉슬리는 인간의 네 가지 약점을 꼽는다. 첫째는 권위주의에의 타고난 복종, 둘째는 일반 대중의 순응하려는 욕망, 셋째는 과학과 기술에 대한 존경, 마지막으로 종교의 퇴화를 지적하며 그는 이것에 대한 새로운 경각심을 일깨우고 있다.

『대위법』

『대위법』의 주인공 월터 비드레이크는 소심하며 아주 민감한 감수성을 소유하고 있는 작가로, 육감적인 아버지와 반대되는 성격, 어머니의 순결하면서 세련된 교양인의 성품을 타고 났다. 『대위법』에는 신문기사나 정치에 대한 복합적 사고방식을 가진 그의 의식의 흐름이 전개되고 있는데 과거 어린 시절의 성장과정이 많이 회고된다. 감정과 이성의 모순적 관계, 선과 악의 혼합된 세계에 대한 인식과 갈등을 깊이 체험한 그는 이혼녀 마조리 칼링과 동거 생활을 한다. 과학계, 예술계, 문학계, 철학계 등 온갖 인물을 다루는 이 소설의 주제는 '대위법'이라는 제목이 암시하는 문학적인 효과를 살려 인간세태의 부조리성과 이율배반성을 풍자하는 데 초점이 맞추어져 있다. 작품 내에서 건물양식에 대한 평이 나오는가 하면 이념에 대한 비평도 있으며, 과학과 문학에 대한 토론, 진보와 발전의 허구성에 대한 토론이 펼쳐진다는 점에서 모든 분야에 해박한 지식을 가졌던 문예비평가로서의 올더스 헉슬리의 모습이 여실히 드러나고 있는 작품이라 할 수 있다. 공산주의자도 나오고 위선적인 노동조합회장직을 맡았던 인물이 살해당하기도 한다. 화가로서 육감적인 나체화를 즐겨 그리는 존 비드레이크는 오늘날의 젊은이들의 육체적 무기력과 정신적 마비상태에 대해 개탄한다.

월터의 누나 엘리노는 인도에서 살고 있고 그녀의 남편 필립 쿨리스는 소설가이다. 식민지 상황의 인도의 문제, 정의, 요가의 효용성 등에 대한 필립의 긴 독백이 나온다. 쿨리스 부부는 배를 타고 귀국하고 있는 중인데 8년간의 결혼생활에 엘리노는 불만을 갖고 있다. 어느 사람도 근접하기 어려운 고독한 남편의 문학세계에 감성적 성향의 그녀는 정을 느끼지 못한다. 남편에게서 직관이나 감각, 본능의 세계를 발견하고 싶어 하는 그녀는 남편이 여자와 바람피우기를 바랄 정도이다. 항상 생각 속에서 살면서 지식세계를 추구하는 남편에게 대칭적 존재로서 남편을 위해 인생의 안내자, 통역자의 역할을 해야 하는 그녀는 갑갑함을 느낀다. 월터는 생물학자 태터마운트의 딸 루시에게 관심을 가진다. 그는 자신이 왜 이 남자 저 남자로 떠돌아다니는 성향을 지니고 있는 그런 여자를 좋아하는지 스스로 의아하게 여긴다. 올더스 헉슬리는 여러 사교계의 인물들의 특징과 성향을 풍자하는 데 있어 톨스토이나 디킨즈와 같은 대문호의 인물 성격 창조, 사회적 교류의 인간 거미줄을 연상시키는 예술적 경지에 이르고 있음을 이 작품을 통해 증명하고 있다.

여러 인물들의 관계 설정 중 화가인 마크 램피언과 그의 아내 메리가 특히 돋보이는데, 둘은 15년 동안 사귀어온 이상적인 부부로 등장한다. 처음에는 산에서, 나중에는 교회에서 만나며 마크는 메리에게 빈민가의 현실을 인식시키려고 애쓴다. 부자들의 사고방식과 지식인들의 사고방식의 차이에 대해 말하고 블레이크의「천국과 지옥의 결혼」이라는 시를 논평하면서 그는 문명이란 조화고 완성이며 블레이크는 모든 것을 포용해서 조화시키는 데 성공했다고 본다. 이 장면에서는 올더스 헉슬리의 문학사상을 엿볼 수 있다. 어떠한 대칭과 대립, 모순이라도 그것을 음악처럼 조율하고 절충해서 화음을 이루게 하는 게 그의 인생관이자 문학적 소명의식이다. 마크 램피언은 가난한 생활에서도 잘 적응하고 검소하게 생활하면서 예술은 지저분한 토양에서 크는 꽃과 같다며 완전한 동물이자 완전한 인간이 되는 것을 이상으로 여긴다. 어머니의 청교도적 성향과 가난한 성장배경 때문에 그는 어려움을 모르고 자란 메리와 신혼 초에 갈등과 대립을 빚지만 세월이 흐르면서 아내와 어머니의 갈등관계를 잘 조정하고 예민하고 급한 자신들의 성격을 잘 극복해서 서로 가르치고 배우면서 차츰 행복한 가정을 꾸려간다.

이 작품에서 작가 올더스 헉슬리의 분신이라고 할 수 있는 인물은 세 명인데 그들은 월터 비드레이크, 마크 램피언 그리고 필립 퀼리스이다. 여러 등장인물들을 통해 올더스는 19세기 빅토리아조의 금기와 체면존중 등의 사고방식을 비판하는 자유분방한 모습을 보이는데, 작품은 수시로 장면이 바뀌는 영화의 몽타주 수법을 보이면서 여러 인물들의 대화가 주를 이루고 있다. 식당이나 술집에서 벌어지는 파티 장면이 많이 나오고 불구의 몸이라 휠체어를 타고 다니는 에드워드와 그의 조수 일리지는 밤 1시에 식사하면서 신이 존재한다는 것을 수학적으로 증명하려 한다. 루시는 그런 아버지가 싫고 세대 차이를 느끼면서 자유분방한 월터의 아버지 존에게 호감을 가진다. 늦게 자고 오후에 일어나는 불규칙하고 방탕한 생활에 빠져든 스판드렐은 어렸을 때 어머니와 함께 썰매를 끌고 눈 덮인 길을 가던 추억을 상기하면서 그 행복했던 시절을 그리워한다. 그는 7살부터 15살까지 유럽 이곳저곳을 전전하고 살면서 행복을 빼앗겼고, 아버지가 죽은 뒤 경제적으로 어려워지자 어머니는 아들의 반대에도 불구하고 재혼을 한다. 아들은 가끔 찾아와 울면서 하소연하는 어머니에게 반항하면서 그녀를 미워하게 된다.

필립은 어렸을 때 차 사고로 한쪽 다리를 다친 뒤 불구가 되어 소외되고 대인 접촉이 별로 없는 생활을 영위해 왔으며 모든 것을 거리감을 가지고 관조적으로 바라보는 성격을 키웠다. 그는 『옛날 집의 부엌』이라는 글을 쓰면서 부분에서 전체를 파악하려는 예술가적 통찰력을 보여준다. 사건의 발생 동기와 그 주인공의 성격을 일치시키는 작가의 문학적 시도는 감각과 감성의 세계를 아우르는 경지를 보이는데, 필립과 엘리노를 중심으로 하는 지식인, 예술가들의 성격, 생각 그리고 차이점들은 때로는 난삽하다는 느낌도 들지만 충돌과 화해의 이중적 모순관계를 대위법적으로 그리는 데 성공하고 있음을 알 수 있다. 필립의 일기체적 수상록에서는 음악과 소설의 비유, 대위법적 구성, 음악적 변조, 다양한 대립, 그리고 절충, 이념과 사상을 대변하는 여러 인물들의 성격과 행태, 감정과 본능, 그리고 영혼의 성향 등에 대한 합리화로서의 문학 등에 대한 솔직한 토론을 보여준다. 볼셰비키, 파시스트, 과격파, 보수파, 공산주의자, 영국의 자유시민 중 누가 어떤 방법으로 목적지에 도착하느냐 하는 것이 관건인데 그 목적지는 지옥이라고 램피온은 풍자한다. 산업화와 미국화에 대한 믿음 속에서 기계과학과 진보라는 것이 어떤 세계를 가져올 것인가를 질문하면서 그것은 인간성의 상실이며 자기파괴적 전쟁과 혁명을 불가피하게 불러일으킬 것이라 예언하는 램피언의 주장은 작가 자신의 입장을 대변하고 있다.

램피언은 인간의 문제와 위기 해결책에 대한 나름대로의 생각을 내놓는데 그것은 하루 여덟 시간만 일하고 나머지는 진정한 인간적인 여가로 사용해서 대중오락매체에 예속되지 않고 산업문명과는 별도의 인간적 삶을 추구하는 것이라면서 그의 그림 속에 원시적 자연성과 육체적 부활의 주제를 담아

낸다. 현재의 상황을 기초로 10년 후를 내다보는 램피언의 예언적 통찰력은 서구문명이 가지고 있는 독을 인식하면서 전쟁이 올 것을 예측한다. 필립 퀼리스는 램피언과의 대화를 수기식으로 기록하는데 기계화는 미친 정신상태이며 결국 살육을 불러올 뿐이라는 것에 공감한다. 소설가는 아마추어 동물학자이어야 한다는 필립 퀼리스의 견해는 올더스와 그의 형 줄리안의 과학적 문학사상을 떠올리게 한다. 퀼리스는 램피언의 인생관에 공감하며 그것을 신뢰하는 이유를 적는데 첫째, 인생을 만족스럽게 살기 위해 사실을 전부 참작해서 자기의 고정관념에 사실을 맞추는 게 아니라 자신을 그 사실에 맞추어 사는 적응력과 수단을 지니고 있기 때문이고, 둘째, 서로 양극적인 요소가 대위법적으로 서로 접근, 절충, 융합되기 때문이라면서 자신의 사유적 습성과 램피언의 행동적 생활습성이 서로 만나 조화를 이루는 것이 지식인의 올바른 길이라고 적는다. 여기에서 그는 육체적, 직관적, 본능적인 것을 경멸하는 현대문명인의 관점과 특히 미국인들의 풍조에 비판을 가한다. 격물치지格物致知하는 것과 그것을 행동으로 옮기는 것 사이의 괴리 속에서 지식인들은 때로는 어린애나 미치광이가 되는데, 진정한 삶이란 램피언처럼 음악적 조화감각을 지닌 것이라고 여기면서 그는 소설가로서의 자신의 지식인적 삶과 신체적으로 부조화적인 무능한 삶을 후회한다.

　에버라드는 흰 말을 타고 푸른 제복을 입고 천명의 영국 자유시민 앞에서 연설하는데, 이 장면은 매우 풍자적으로 우습

게 묘사되고 있다. 영국을 노예상태로부터 구원해야 하며 개인의 자유와 개인의 기업 설립의 필요성을 그는 열렬히 주장하는데, 한편에서는 생체실험 반대운동원들과 반사회주의 민족주의자들의 시위 충돌이 벌어진다. 에버라드의 연설 도중 일리지가 나타나 저들은 부유한 자들의 군대라면서 비난한다. 두 인물의 대립이 일어나는 이 장면에 대한 풍자적 묘사는 매우 우스꽝스럽다. 군중 앞에서 아주 당당하게 행동하는 에버라드의 모습에서 엘리노는 그가 유치하고 어리석다고 생각한다. 퀄리스의 수기에는 에버라드에 대한 평이 나오는데 군대가 가지는 장엄함과 위엄성을 지적하며 분열시켜 통치하는 정복자들의 권력욕을 상기하면서 퀄리스 자신은 행동인이 아니라 구경꾼으로 다른 사람들과의 밀접한 관계를 피하고 여자처럼 감정과 직관 속에서 살면서 추상적인 지적세계에 살고 있음을 인식한다. 에버라드 웨브리를 죽이는 스판드렐과 일리지의 상반되는 태도가 대비되어 묘사되고 있는데 스판드렐이 잔인하게 죽이는 반면, 죽이는 순간까지 부의 사악함에 대한 증오 그리고 억압이 없는 새 세계에 대한 혁명가의 뜻을 머릿속에 되뇌이는 일리지는 에버라드가 죽는 두 시간을 영원의 시간처럼 느끼면서 공포에 휩싸인다.

작품의 마지막 장면은 스판드렐이 램피언을 초청하고 램피언은 스판드렐에게서 수상한 점을 느낀다. 스판드렐은 영국 자유시민단체에 자신이 에버라드를 죽였다는 내용의 편지를 쓰고 베토벤의 사중주곡에서 순수하면서 평온한 하나님의 평화를 느낀다. 영국 자유 시민 단체의 회원이 쏜 총을 맞아 죽는 스판드렐은 음악 속에서 행복의 경지에 든다. 올더스 헉슬리의 지식, 예술, 종교, 인생 등 총체적인 것이 천상의 음악과 지상의 육신 간의 균형과 완전한 조화를 암시하는 대위법적 해결에 이르는 것이다.

『섬』

　　『멋진 신세계』에서의 현대 문명 비판 내지는 암울한 미래 상에 대한 긍정적 대안으로 제시되고 있는 것은 동양과 서양의 조화로운 균형과 융합의 정신으로, 이것은 『섬』에서 아주 잘 나타나고 있다. 작품 초두에 등장하는 윌 화나비는 이혼한 뒤 교통사고로 아내와 세 아이를 잃어버린 절망적인 상황에서 관능적인 여자 바브스와 육체적 탐닉을 통해 정신적 충격을 벗어나려고 발버둥치고 혼자서 배를 타고 표류하다 금지된 섬인 팔라에 정박하게 된다. 그는 뱀들을 만나고 벼랑에서 떨어져 죽을 고비를 겪다 구사일생으로 살아나 '여기에서 지금'을 강조하는 그 섬의 생존 철학에 접하게 된다. 열대의 이국적 풍토에서 여러 신을 믿는 원주민, 특히 스코틀랜드인의 피와 팔

라 원주민의 피가 섞인 혼혈인 의사 로버트 맥페일을 만나고
부터 윌은 차츰 그 이상향적인 나라의 풍습과 문화에 매력을
느끼며 깊이 빠져 들어간다.

특파원 겸 정보원의 역할을 하는 윌은 주변국인 렌당의 독
재자 디파 대령의 부관 노릇도 했고 영국 석유회사의 끄나풀
로 활약한 바도 있는, 비밀의 베일에 갇힌 인물이다. 맥페일
박사의 며느리 수질라는 남편을 잃고 혼자 살면서 영국에서
공부한 심리학을 바탕으로 동양적 정신세계에 몰두하면서 새
로운 정신치유법을 발견하고자 노력한다. 비슷한 처지의 윌과
수질라는 가까워지며 침묵과 평화 속에서 혼란되고 찢겨진 영
혼의 화해적 질서를 발견하게 되는 것이다. 윌은 맥페일 박사
로부터 맥페일의 조상과 현재 왕의 조상이 함께 건설한 나라
인 팔라 국가의 역사를 배우는 과정에서, 긍정과 부정이 전체
적 수용과 일원론적 행복의 체험 속에서 화해되고 침묵과 공
허 속에서 자신을 깨닫는 불교적 가르침을 얻는다. 맥페일 박
사가 왕이 지은 것이라며 윌에게 읽으라고 권해준 책에는 존
재, 믿음 등에 대한 동양적 철학이 담겨있다.

1,200년 전 티벳으로부터 팔라에 불교가 들어온 뒤 요가나
선의 수련법에 의해 사랑을 실천하는 '마이슈나'가 개발된다.
마이슈나는 자기 스스로가 아니라 타자와의 완전한 일체적 깨
달음의 경지이다. 윌은 바브스와 자신의 육체적 관계는 오히
려 소외감과 공허감만 불러일으킨다는 것을 깨닫고 팔라의 문
화적 전통과 정신적 분위기에 심취하며 더욱더 팔라의 역사에

대해 관심을 가진다. 로버트 맥페일의 증조부 앤드류 맥페일은 농업과학자로서 팔라에 왔다가 라자의 조카와 결혼하고 사랑의 요가인 마이슈나를 터득한다. 불교경전을 읽으면서 윌은 수질라 맥페일의 과거 가정환경을 알게 된다. 그녀는 부모의 불화 속에서 불우한 시절을 보내다가 이 나라의 서로 양자로 삼아 아이들을 키우는 가족제도 속에서 자란다. 그 상호 교환제도는 친부모 곁을 떠나 대리 부모 밑에서 아주 개방적이고 자율적인 분위기에서 어린아이들이 상처 없이 자랄 수 있게 한다.

수질라는 기억요법, 상상요법에 의해 아이들을 교육하는데 그녀의 교육방법은 읽기, 쓰기, 산술의 기초교육에 '자기 운명 결정'이라는 새로운 요소를 첨부, 사위일체를 체계적으로 가르치는 것이었다. 그녀는 앞으로는 기독교와 공산주의가 없어질 것이라면서 불교적 이상사회 건설이 미래의 방향이라고 말한다. 세계 이곳저곳을 떠돌아다니며 자칭 시인 혹은 언론가로서, 경멸하는 부유한 기업가의 비밀요원으로서 모순적인 삶을 사는 윌은 수질라에게서 무엇인가를 크게 깨달음에 이르는 도움을 기대한다. 12년간의 불행한 결혼 생활, 이상과 현실, 이론과 실재의 이율배반적 틈바구니에서 구더기 같은 삶을 살아온 자신, 부모의 불화, 고모의 유방암과 간암으로의 죽음, 세계대전, 밥벌이하기 위해 들어간 신문사, 거기에서 느낀 환멸, 화가였던 몰리와의 만남, 성격적으로 화합될 수 없었던 그녀에 대한 증오와 외도, 그녀의 불행에 대한 동정과 후회, 아

프리카에서 1년 전에 만난 바브스의 성중독증, 바브스와 살겠다고 선언하는 윌과 헤어지고 비오는 날 운전하다가 죽은 아내 몰리 등등으로 정신적으로 황폐화되고 지쳐 있는 윌은 지금 여기, 이곳 팔라에서 커다란 재생의 기회를 얻는다.

렌당의 디파 대령이 팔라를 흡수하려는 음모에 본의 아니게 연루되는 윌은 로버트 맥페일의 증조부 앤드류 맥페일의 선견지명에 경외감을 가진다. 기독교에서는 회초리와 전쟁, 적개심을 이야기하지만 불교와 힌두교에서는 폭력이 없다면서 인류의 종교사와 세계역사에 대해 윌과 로버트는 긴 토론을 한다. 로버트는 프로이트 심리학과 행동주의 심리학의 허상을 꼬집으면서 증조부 앤드류의 무신론적 과거와 젊은 시절의 행적, 그리고 3년 동안 전 세계를 항해하고 난 뒤 인도에서 외과의사로 있다가 팔라로 들어온 이야기를 자세하게 말한다. 그 당시 턱의 종기로 사경을 헤매던 팔라왕을 최면술적 시술로 낫게 하며 두 사람은 의기투합하고, 상호보완적인 지식, 성격, 철학, 세계관을 융합하여 팔라의 이상국가를 건설한다. 이들은 새로운 농업기술, 식량증산, 통신개발 등의 개혁으로 영어와 팔라어를 병용하는 문학적 선진국으로 만들고 선교사, 무역인 등이 못 들어오게 하는 금지된 섬으로 선포한다.

『섬』에서는 생각, 이념 등이 주로 많이 다루어지는데 대개는 로버트 맥페일과 윌의 대화를 통해서이다. 그들은 '사랑의 요가' 이외에 '모크샤'라는 비약을 통해 두뇌에 특이한 자극을 얻어 어떤 비전에 이르는 신비적 체험에 대해 이야기한다. 정신요법의 효과를 거두는 이 비약을 매년 1,2회 복용하면 결혼 생활을 원만하게 이룰 수 있다는 것이다. 서구문명에 환멸과 혐오감을 느끼는 윌은 팔라의 제도와 생활방식에서 신선한 충격을 느끼면서 서구의 문화와 교육, 가정환경이 피터 팬 같은 저능한 인물, 히틀러와 스탈린, 레닌 등의 권력지향적 성향의 인물을 배태시킨다고 생각한다. 팔라에서는 모든 사람이 매일 두 시간씩 땅을 파거나 육체적 운동을 하여 가장 좋은 심리적 상태를 유지하고, 식량이 풍족하여 경쟁이 없으며 협동조합, 신용조합 등의 제도와 인구조절, 과잉소비 통제 등으로 자치 정부 연합체를 이룬다. 팔라의 이곳저곳을 여행하면서 여러 가지 견문을 넓히는 윌은 산에 올라 모크샤를 먹고 시바 종교 의식에 참여한다. 이곳에서는 등산이 중요한 인생훈련인데 시련을 통해 극기를 터득하게 하고 힌두교와 불교가 가미된 것 같은 분위기 속에서 모든 마음과 육체의 긴장을 풀어 무념무상, 해탈의 경지에 들어 생명과 죽음이 화해하는 신선의 경지에 들어 일체감을 맛본다. 팔라인들은 끝없는 생성과 소멸의 자연우주 속에서 모크샤의 비법을 빌려 황홀경에 빠지고 지금 여기에서의 순간적 깨달음과 해방을 만끽한다. 그들은 팔라의 정치, 생활철학을 담은 기록을 계속 읽으면서 마이슈나 덕택에 건강하고 행복해 보인다. 불교사원에서 자신의 마음을 조망하게 하는 듯한 풍경화도 구경하고 불평불만이 없이 자족해 하는 팔라인들의 심성에 윌은 감탄한다.

　학교를 방문한 윌은 서구의 그것과 다른 팔라의 교육현장을 본다. 솔로몬으로 대변되는 기독교를 밭이나 논의 허수아비보다 못하다고 비아냥거리는 라자왕의 교육방침은 '완전한 인간 교육의 실현'이다. 초등교육에 강조점을 두는 그는 학생들에게 모든 생명체와 일체감을 심어주며 심리적, 생리적으로 각자의 기질적 독특성이 있어 각기 서로 다르다는 것을 인식시킨다. 각자의 기질, 사고, 성격, 인식, 기억력에 따라 재능을 개발하고 선전이나 최면술에 넘어가지 않는 자유인이 되도록 하는 것이다. 그는 유전적으로 서로 다른 기질의 아동들을 분류시켜 교육하고 인간의 다양성, 상호관용, 용기라는 마음을 가르친다. 심호흡을 통해 화나 흥분을 진정시키고 무엇을 '하지 말라'는 교육보다는 무엇을 '하라'는 교육을 지향하며 심리적, 생리적 응용과 훈련을 통해 육체와 정신의 전체적 조화를 실현시킨다. 팔라에서는 다른 생명체와 조화를 이루면서 완전히 인간답게 사는 것을 주된 목표로 삼고 있는데 모든 나라가 불교사상에 기초한 중용과 조화의 정치교육철학을 배워야 한다고 생각한다. 윌은 초등학교 수학, 기초 응용 철학 그리고 식물학 수업을 참관하면서 염화미소拈華微笑의 뜻을 음미한다. 분석과 상징조작의 훈련, 제 학문 간의 상호교통을 통해 갑작스런 견성오도의 순간에 도달하게 하는 것도 목격한다. 팔라에서는 학생들에게 대승불교적 차원에서 예절, 예술, 의학, 물리, 생물의 지식을 터득하게 하는데 그것은 그 방식을 도입한 앤드류와 옛날 라자왕이 서구적 교육 방식과 동양적 교육방식을 융합하여 만든 절충적 교육 대안이다. 서구의 문물과 과학적 지식이 동양의 불교적 응용형이상학 내지는 심리학에 접합되어 기독교의 신중심사상이 인간중심사상으로 바뀌어야 한다는 것이다.

월은 음악수업을 참관하면서 북, 피리, 춤을 통해 대승불교의 고차원적 세계가 말이 아닌 상징적인 악기와 동작으로 표현되는 것을 본다. 이어 수질라 맥페일의 교실에서는 최면요법을 통해 모든 번뇌, 근심, 고통스런 추억, 후회, 미래에 대한 불안으로부터 해방되는 것을 목격한다. 그녀는 월의 기억에 남아 있는 악마 같은 아버지의 모습을 상상요법을 통해 변화시킬 수 있다고 말한다. 배우자를 잃은 비슷한 처지의 월과 수질라는 서로 가까워지고 수질라는 월의 과거에 대해 알고 싶어 한다. 부모의 불화 속에서 어린 시절을 보낸 월은 그의 삶의 유일한 낙이었던 개가 병들어 죽자 큰 상처를 받았다. 또 양로원에서 천사처럼 일하던 고모가 유방암을 앓은 뒤 죽어간 일을 겪으면서 월은 어린 시절, 청소년 시절을 고독감과 소외감 속에서 살았다. 이런 가운데 부정적 사고의 성격을 갖고 무신론자가 된 월은 수질라에게서 그런 고통스런 과거를 씻어버리고 스스로를 초월할 수 있는 어떤 신비적인 힘을 발견한다. 그는 또한 수질라의 시어머니 락쉬미의 임종이 다가오는 가운데 아무런 공포감 없이 평온한 상태에서 죽음을 맞이하는 이곳 사람들의 정신적인 훈련에 감동한다.

월은 수질라에게 자신이 지금까지 바브스와 가졌던 관계는 사랑이 아닌 증오의 성중독이라고 고백하고, 수질라는 그의 아버지의 망령이 덧씌워졌기 때문이라며 그것을 쫓아버려야 한다고 말한다. 윌은 그녀에게 자기는 라니와 알데하이드의 공작원이라고 실토하고 내일이면 추방될 신세라고 한다. 이런 상태에서 윌은 수질라가 주는 모크샤를 마시고 천국에 들어가는 기분과 지옥에 떨어지는 기분을 번갈아가며 체험한다. 그는 명상의 기분 속에서 어떤 계시적 빛을 의식하고 환희를 느낀다. 과거나 미래가 아닌 바로 현재, 다른 어떤 곳이 아닌 바로 이곳에서 모든 것과 일심동체가 되어 스스로를 깨닫는다는, 다소 유심론적인 불교사상이나 동양적 선사상의 세계로 들어가 변신하는 윌을 통해 헉슬리의 신비주의 사상이 드러나고 있다. 이는 인간이 신과 일체되는 영적체험에 근거하는 것으로, 침묵과 초심령학적 4차원적 세계에서 인식하는 자기부정을 통한 총체적 인식으로서 힌두교에서 말하는 브라만과 아트만의 경지와 상통하는 것이다. 절대적 존재인 '신성한 근원'으로서 '현재, 바로 이곳'의 무한한 가치에 대한 초월적 인식에 대해 헉슬리는 인간이 그 신성함의 근원을 알려 하지 않기 때문에 인과응보의 업을 자초하는 것이라 하면서, 영원한 침묵과 평온의 종교인 불교나 힌두교의 정신을 서구의 기독교가 정복할 수 없을 것이라 보고 있다.

모든 것을 부정하려고만 했던 과거의 윌리엄 파나비는 요한 세바스찬 바하의 콘체르토 4번을 들으면서 강렬한 아름다움 속에서 새로 태어나는 기분을 느끼는 순간, 무한의 영원성 속에서 정신과 본능, 행동과 비전이 모두 서로 개별적이면서 상호연관성을 지닌 존재가 되는 것을 인식하면서 긍정주의자로 변모하는 것이다. 서로 얽힌 소리의 흐름 속에서 음악적, 철학적으로 청각과 시각이 연결, 교감되면서 그는 빛의 연속적 흐름을 본다. 보석처럼 찬란한 형체들이 나타나고 단어가 형체화되는 과정, 거품이나 풍경화가 지식이 아닌 이해 속에서 파악되어 자기 자신 속에서 신성한 모습을 발견하고 한국전쟁에서 죽어가는 병사들의 시체들도 목격하는 등 악몽 같은 현상들을 꿈꾸며 윌은 자신의 죽음에 대한 인식에 도달한다. 나라는 존재의 무한한 고통, 죽은 후까지도 그 고통은 계속될 것이며 자신의 인생이 지독한 고독감과 소외의식 속에서 살았던 것을 평온한 마음으로 회상한다. 그때 '주의하라'는 새의 반복되는 소리를 듣게 되고 불성 이외에는 아무 것도 영원하거나 무한한 것이 없다는 것을 깨닫는다. 수질라의 손이 그의 얼굴 구석구석을 어루만질 때 살아있는 어떤 생명체의 활기를 느낀다. 수질라의 모습에서 지극히 아름다운 신성한 마력을 느끼면서 모든 모순과 반대적 이율배반도 그녀 속에서 해체되어 승화될 수 있는, 구원자로서의 강인한 의지를 보는 것이다. 부정적 인간이 변모되어 새롭게 태어나는 기분 속에서 눈물을 하염없이 흘리면서 그녀에게 감사하다는 표시를 하는 새벽시간에 총소리가 나고 확성기로 무루간이 디파 대령의 군대를 이끌고 와 혁명을 선포하는 소리를 듣는다. 이어 100년간의 동서양의 절충과 화합을 기반으로 건설된 팔라의 이상국가가 서구 산업의 독재 침략세력에 의해 하루아침에 무너지는 것을 목격하면서도 윌은 어떤 환한 빛을 보면서 그것은 바로 자비의 빛, 자학과 고독과 육체적 방탕, 죄의식, 집단적 광신 분자와 강박증적 악마조직인 서구세력의 노예와 앞잡이로서 살았던 불명예를 모두 씻어버릴 수 있는 그 깨달음의 빛임을 알게 된다. 그것은 자신이 몰랐던 새로운 사실이었다. '자비와 깨달음'을 반복하는 신비의 새 미나의 울음소리에서 진정한 의미를 깨닫는 윌의 부활인 것이다.

헉슬리의 미래 상상소설은 두 가지 부류로 나뉜다. 하나는 『멋진 신세계』처럼 끔찍한 미래에 대한 비관주의적 세계관을 투영한 반유토비아적 소설이고, 다른 하나는 『섬』으로 대표되는, 현대 기계문명의 비극적 상황에 대한 작가의 긍정적 대안인 유토피아적 소설이다. 미래 상상소설은 헉슬리의 선배로서 오랫동안 교류했던 역사가이자 문학가인 H. G. 웰즈가 쓴 『타임머신』에서도 가치가 발휘된 바 있다. 이 작품에서의 미래세계는 대체적으로 병든 것처럼 나약하고 우울한 사람들이 사는 세계로 묘사되고 있다. 인류의 비정상적인 진보가 가져올 파국을 예언한 이 작품에 영향을 받고 헉슬리가 『멋진 신세계』와 『원숭이와 본질』을 썼을 가능성이 많다.

『시간은 멈추어야 한다』

혁슬리가 가장 애착을 가졌던 이 작품은 젊은 시절 작가 자신의 초상화라고 볼 수 있는 자서전적 소설로서 올더스 혁슬리의 미학관, 언어의식 그리고 예술적 감수성을 아주 잘 반영하고 있다. 어머니를 잃고 난 뒤 17살 된 주인공 세바스챤 바나크는 니체를 읽으면서 운명을 사랑해야 한다고 생각하며 인생의 허무함에 대해 고민한다. 그는 키츠의 시를 좋아하고 그리스 문명을 깊이 연구하며 사랑하는 사촌 수잔을 위해 시를 짓기도 한다. 세바스챤의 아버지 존 바나크는 세계 곳곳을 여행하는 좌익 성향의 지식인으로서 세바스챤은 어머니 없이 수잔의 어머니인 고모 밑에서 자라는데 어려서부터 상상력이 풍부하고 조숙한 심리를 가지고 있고 신경이 예민하다. 그의 젊은 시절의 여러 가지 추억들이 의식의 흐름수법에 의해 전개되는데 학생 시절 수학 때문에 교장에게 불려갔을 때의 구역질나던 일, 창녀와 육체적 관계를 맺었던 일 등이 나온다. 사회주의자로서 팔방미인처럼 등산, 식물, 조류, 법률, 회계 등에 조예가 깊고 지배자적인 완고한 성품을 지닌 아버지는 파티에 갈 재킷을 사달라고 하는 아들의 요청을 거절하여 아들로부터 반감을 사는 인물이다.

작품의 시간적 배경은 1929년으로, 세바스찬은 삼촌의 주선으로 이태리 플로렌스로 공부하러 간다. 유스타스 삼촌은 매우 탐미주의적 성향의 사람으로, 다독을 하고 여송연을 피우는 사교계의 마당발이다. 이 작품 속에서도 다른 올더스 헉슬리의 작품과 마찬가지로 조각, 도자기, 온갖 예술에 대한 비평이 많이 나오는데 세바스찬은 중고서적을 운영하는 브루노라는 사람과 친하게 된다. 이 작품 역시 『대위법』에서처럼 수많은 등장인물들에 대한 미시적 묘사가 특징이다. 세바스찬에게서 어떤 예술가적 지성의 힘을 발견하는 브루노는 미래를 어느 정도 투시하는 예언력을 가진 정신의 소유자로 등장한다. 브루노는 유스타스의 얼굴에서 죽음의 그림자를 읽고 세바스찬에게서는 운명적으로 이미 예정된 정욕, 허영, 그리고 자기만족의 활이 쏘는 과녁의 모습을 본다. 8년 전 어머니를 여의고 혼자서 중얼거리는 습관을 가진 세바스찬은 환상 속에서 즐거움을 찾고 문학, 예술적 기질을 발전시켜간다. 금욕주의적인 아버지보다는 관능적이면서 쾌락주의적 성향의 삼촌과 가깝게 지내는 세바스찬은 문학에 대해서도 배우고 문학의 순수성과 실제 인생과의 괴리를 깨닫기도 한다.

수녀를 양녀로 삼고 있는 유스타스는 가슴에 통증을 앓고 있고, 침묵의 어두운 세계 속에 빠지면서 또 다른 존재를 인식하며 환희의 아름다운 빛을 보는 느낌을 가진다. 그 빛은 『섬』에서 나타나는 어떤 동양적인 철학적, 신학적, 형이상학적 신비스런 열반의 경지 같은 것으로 묘사되고 있다. 그는 피가 멎는 것 같은 순간과 다시 용해되는 순간의 모순 속에서 불교적 인식에 도달하기도 하는데, 결국 심장마비와 뇌일혈 증세로 화장실에서 졸도한 삼촌이 53세의 나이로 죽음을 맞이하는 것을 보고 세바스찬은 비애에 빠져 눈이 잘 안보이다가도 아침을 맛있게 먹는 변덕스런 심리상태를 보인다. 세바스찬은 시를 짓기 시작하면서 언어형성의 창조적 과정을 인식한다. 병원에서 죽음 직전의 상황에 와 있는 유스타스 바나크의 반의식적 정신상태가 재미있게 묘사되고 있다. 그는 침묵과 아름다움이 하나가 되는 행복을 느끼고, 여러 가지 추억들과 이미지들이 교차되는 가운데 하녀의 옆얼굴 속에서 관능미를 가졌던 옛 애인의 모습을 발견하기도 하면서 하나의 빛을 본다. 영어, 독어, 불어, 이태리어를 구사할 수 있었던 유스타스는 자기가 만난 수많은 화가, 음악가, 예술가들을 떠올리면서 자기 혐오감에 빠지고, 깨어져버린 자신의 여러 파편들을 목격하고 가슴에 압박감을 느끼면서 돌이킬 수 없는 죽음의 나락을 감지한다. 유스타스의 장례식이 끝난 후에는 영매인 무당이 나타나 강신술을 행하자 죽은 유스타스가 상상 속에서 부활하는 초과학 심령세계의 차원을 연출한다. 세바스찬은 시작詩作에 몰두하면서 시가 형성되는 과정에 더욱더 세심한 주의를 기울이고, 자신의 시가 외모는 화려하지만 내용이 형편없다는 모순의식에 빠진다.

이 소설은 사후체험 소설의 요소인 심령과학적인 내용을 보이는데, 죽은 유스타스의 정신세계가 상세하고 신비롭게 묘사되고 있는 것이 그 예이다. 브루노를 찾아간 세바스찬은 고전 작가들에 대해 해박한 지식을 갖고 있으며 성경을 자주 인용하는 브루노에게서 여러 가지를 배우게 된다. 천재는 그들의 현실에 대한 인식을 표현하지만 그것을 행동으로 옮기지 못하기 때문에 성인이 되지 못한다는 말을 듣는다. 작품의 마지막 부분에서 영화의 몽타쥬 기법처럼 의식의 흐름이 단편적으로 전개되는데, 그동안 세바스찬이 겪었던 체험이나 추억, 그리고 그의 철학적 단상 등이 주를 이룬다. 예를 들면 전쟁의 슬픔, 기술의 발전, 대학교육의 보편화, 인과응보, 서양철학과 동양철학의 차이, 우주의 본성과 생명의 본성에 대한 탐구, 자신에 대한 철저한 해부, 시간을 초월한 본질적이고 영원한 삶, 시적인 삶, 아내의 유산과 아내의 임종 2주 후 저질렀던 하녀와의 정사, 옥스퍼드대학 진학과 자유와 모험의 향유, 3년 만에 만난 브루노가 언급했던 드가 그림 도난사건, 이 모든 것들이 미리 예정된 과녁을 향해 날아가는 화살 같다고 그는 느낀다.

브루노를 다시 만나 그가 죽을 때까지 같이 지낸 15주간이 가장 기억에 남는 행복한 시간이었다고 세바스찬은 생각하는데 이것은 올더스 헉슬리가 D. H. 로렌스의 임종을 지켜보면서 가졌던 정신적 행복감이라고 해석할 수 있다. 후두암으로 죽어가고 있는 브루노와 필담으로 서로 대화하면서 시간을 초월한 무한한 어떤 존재를 의식하는 고차원적 깨달음의 시간에 대한 느낌인 것이다. 브루노가 남긴 쪽지에 쓰인 내용은 회한, 참회, 용서, 자기포기, 신의 존재, 신 속에서 자신의 내적 비자아를 발견하는 법 등에 대한 불교, 힌두교, 혹은 성경의 구절을 연상시키는 것들이다. 말을 못하는 브루노가 쪽지에 남긴 마지막 말, "다른 어떤 것이 역할을 하도록 하지 마라. 세상에서는 너의 외적 자아로 남을지라도 하느님에게서는 너의 자아가 아닌, 너의 내적 존재가 되는 방법을 찾아라"라는 구절은 한때 구강암으로 생사의 기로에 섰던 헉슬리 자신의 일기처럼 보인다. 대부분의 헉슬리 작품 속에 나오는 주인공들은 작가의 분신처럼 성격이 부여되고 있는데, 이 작품에서는 세바스찬과 브루노가 그에 해당한다.

이런 인생관은 헉슬리 자신의 인생후반기의 좌우명인 '통합적 지식'의 천명이다. 그것은 자기초월이자 도가에서의 '길', 불교에서의 '달마', 사물의 본질, 아트만이며 자연 그 자체이다. 전쟁 속에서 세계를 떠돌다가 피곤에 지쳐 돌아온 아버지와의 대화에서 세바스찬은 오래간만에, 모든 인간이 삶의 허무를 느낄 때 삶의 모든 것은 의미가 있다는 것을 '말함'이 아닌 '존재함'으로써 가르쳐준 브루노의 영향에 공감함으로써,

부자간의 화해를 이룩한다. 한쪽 팔을 잃어버린 세바스찬은 세상과 자기가 격리되어 있음을 느끼고 침묵 속에서 구원을 발견하고자 한다. 워즈워드는 단테에 의해 보충되고 단테는 또한 브루노의 사상에 보충되어야 한다고 세바스찬은 말하고 있는데 여기에서의 브루노는 바로 D. H. 로렌스를 뜻한다. 세바스찬의 단상 노트는 계속되는데 모든 것을 알고 난 뒤 글쓰는 것을 거부한 토마스 아퀴나스, 예술, 과학, 학문, 사색을 경멸한 성자들을 풍자적으로 빗대어 말하고 현대과학이 모든 것을 파괴하는 지경을 개탄하며, 지식인이나 예술인이 신성한 근원적 깨달음을 주지 못한다면 미는 교화시키는 존재이고 재능은 치유와 기적을 행하는 기술에 해당할 뿐이라면서 종교, 철학, 윤리, 과학, 모든 학문은 '끊임없는 회상'을 필요로 한다고 역설한다. 총체적이고 연합적 지식에 도달하는 것, 최고의 경지를 인식하는 것이 인간 존재의 마지막 목표이자 목적임을 역설한 그는 동양의 경전을 인용하며 자기초월적 인식과 도통의 경지에 대해 말한다. "사고는 인생의 노예이고, 인생은 시간의 바보이며, 온 세상을 조감하는 시간은 멈춰야 한다"는 셰익스피어의 극중 인물 호스퍼의 말을 인용하는 세바스찬은 베르그송이나 프로이트 또는 행동과학주의자들을 비판적으로 언급한다.

32세가 된 세바스찬은 민족주의, 공산주의, 파시즘은 모두 20세기의 사회적 의사擬似 종교로서 미래에 대한 우상숭배라면서 4세기 반 동안 백인들이 종교를 등에 업고 유색인종을 정복했지만, 유럽인이나 미국인들이 힌두교나 불교정신을 기독교 정신으로 삼켜버리지는 못할 것이라고 말한다. 시인의 시는 어떤 것이나 소재로 삼아 의미를 가질 수 있고, 정신이상의 산업사회에 대해 부정할 수 있는 것이 민주주의이며, 침묵이야말로 가장 강렬한 평온과 조화의 시간이고, 말로 할 수 있는 최선의 것은 스스로에게 인간이 종합적으로 무엇을 깨달았으며 다른 사람들에게 비슷한 깨달음에 도달하게 여건을 조성하는 것이라고 그는 쓰고 있다.

절대 권력의 부패와 현재 신문언론의 시대, 스피노자의 동정에 대한 글, 고생을 많이 한 사람은 용기, 관용, 인내 등의 긍정적 심성이 있는가 하면 반대로 냉혹함과 이기적, 부정적 심성이 있다고 생각한다. 동정심과 자비심의 차이점에 대해 말하고 4년간 전시상황 내내 늙어버린 65세의 아버지의 모습에서 그는 어떤 아이러니를 본다. 사회개혁의 열렬한 신봉자였던 세바스찬의 아버지는 이상주의는 유럽과 아시아를 위시한 전 세계의 폐허 속에 묻혀버려 희생되었다고 말한다. 세계의 주도권을 잡기 위해 팽창 정책을 쓰는 열강들의 산업화, 인구의 과잉 등 세계정세에 대해 전망하고 '사물의 본질'에 주의를 기울여야 한다는 아들의 말을 비웃으며 브루노에게서 배운 것이 무엇이냐고 묻는 아버지의 질문에 세바스찬은 "솔직함, 투명함, 평화, 능력, 지식의 신성한 아름다움"이었다고 하면서 가장 감명 깊었던 것은 그 모든 것이 말 때문이 아닌, 존재한다는 것 자체로 의미가 있었다는 것을 확신할 수 있었다는 것이라고 말한다. 아버지와 아들의 이 마지막 대화는 이 우주에서 모든 것이 의미가 없다는 공의 철학을 깨닫는 인간의 자기합리화요, 우주질서에 대한 깨달음인 것이다.

『수많은 여름이 지나간 뒤 백조는 죽다』

풍자소설의 대가인 올더스 헉슬리는 오래 살려는 인간의 집요한 욕망과 허망함을 그린 『수많은 여름이 지나간 뒤 백조는 죽다』라는 또 하나의 풍자적 작품을 남겼다. 거부 허스트 가家의 실제적 이야기를 작품화한 인상을 주는 이 작품은 석유왕인 스토이트로부터 석 달간 6천 불의 대가로 '호버크 문건'의 목록 작성을 위임받고 스토이트의 대저택으로 가는 작가 제레미 포다쥐의 등장으로 시작된다. 가는 도중 대학교수를 역임하고 이곳에 와서 일하는, 『반反개혁의 짤막한 연구』의 작가 프롭터를 만나 성 같은 곳으로 들어간다. 54세의 제레미는 괴테 등의 독일어 시도 암송하고 프랑스 시도 즐겨 암송하면서 모든 것이 언어로 표현되어 책으로 나올 때만 존재의미를 느끼는 문학가적 사명감을 가지고 있다.

　신변에 위협을 느껴 권총을 갖고 다니는 격정적인 성격의 재벌 총수 스토이트는 뇌일혈의 위험성에 대해 주치의로부터 경고를 받고 있다. '할아버지로부터 이어받은 거대한 부의 주인공인 스토이트는 할아버지와 아버지로부터 들어온 하나님은 사랑이다'와 '미움은 없다'라는 말을 반복하면서 산다. 아내를 잃고 수많은 저택관리 고용인을 두고 있는 그는 수많은 학자와 예술가들을 초청해 저택에 있는 소장품들을 연구하게 하면서 자기 만족감 속에서 산다. 60세의 그는 22세의 버지니아를 비서 겸 정부로 두고 그녀의 순진하면서도 성숙한 대조적 인상과 특히 입술의 매력에 빠져 음탕하고 정욕적인 눈초리로 바라본다. 주치의 오비스포는 멋쟁이 의사로, 버지니아에게 무례하게 접근하기도 하고 스토이트를 경멸하면서 그의 고혈압 증세를 다스려 나간다. 27개 상자에 담겨있는 호버크 문건을 분류 조사하면서 흥미를 가지는 제레미는 이 문건들이 1576년, 1577년의 영국의 가계를 다루는 족보이자 실록으로서 고고서지학적 가치가 있다고 생각하는데 오비스포 의사는 쓸데없는 말장난들이라고 독설을 퍼붓는다. 오비스포도 고서에 관심이 많고 독서를 많이 하는 사람이지만 그의 주된 관심사는 인간의 수명연장에 대한 방법이다. 그는 스토이트에게 스카우트되어 이곳에 와서 연구와 실험을 하는데, 정상보다 40파운드가 넘고 한 번 뇌졸중을 겪은 스토이트를 실험대상으로 삼고 생명과학을 연구하고 있는 것이다. 가지각색의 생물들의 수명을 실험실에서 연구하는 그에게는 피트 분이라는 젊고 건장한 조교가 있다. 1761년생 거대한 잉어 두 마리를 해부하여서 고지혈증이 미치는 영향, 잉어의 내장을 쥐와 개, 원숭이에게 이식하는 실험이 성공하면 인체에도 이식코자 한다. 이 대목에서는 올더스 헉슬리의 할아버지 토마스 헉슬리의 물고기라든가 다른 동물들에 대한 실험 그리고 올더스 헉슬리의 형 줄리언 헉슬리 그리고 노벨상을 수상한 이복동생 매슈 헉슬리의 생리학 실험을 연상하게 된다.

헉슬리의 인생관과 문학사상을 상당히 대변하고 있는 프롭터는 '인간이란 무엇인가?'라는 질문에 대해 깊이 생각하고 인간과 신의 관계를 탐구하면서 캔사스주에서 돈을 벌기 위해 이곳 캘리포니아로 이주해 온 가난한 노동자들에게 일심동체적 인간애를 느끼는, 자존심이 강하면서 다소 과대망상적 사고를 지닌 이상주의자이다. 학교 친구였던 뚱보 조 스토이트를 경멸하고 수명을 연장하려는 과학실험을 부정적으로 비판하는 그는, 개인의 성품을 깨지 못하고 그 멍에 속에서 살아야 하는 인간의 조건과 인간의 잠재능력에 대해 깨닫는다. 그와 토론을 하는 제레미는 합리적이며 문화적 삶의 가치를 강조하며 일상적인 것에서 행복과 재미를 느끼는 자신의 생활철학에 대한 프롭터의 회의적 질문에 당황한다. 프롭터는 인간이 오래 살면 살수록 죄와 악을 저지른다면서 시간으로부터 해방되어 무시간의 순수하고 이해타산이 없는 의식 상태를 선이라고 규정하는 초월주의적 관점을 보인다.

이상은 단지 인격의 어떤 측면의 투영일 뿐이며 신과의 합일 속으로의 해방이고, 인간의 비이기성은 자신의 에고로부터의 해방이 아니라 또 다른 형태의 구속이고 과학은 구원인 것 같지만 과학자들을 위해 나쁠 수도 있으며, 예술, 학문 그리고 모든 인도주의에도 같은 논리가 적용된다는, 다소 모순된 듯한 프롭터의 말을 듣고 제레미는 그가 미쳤다고 생각한다. 피트도 토론에 끼어들어 프롭터에게 사회정의에 대해 묻는데, 그는 미덕이 있다 해서 행동의 선을 보증하는 것은 아니라는, 산전수전 다 겪은 사람의 신비스런 인생관을 보여준다. 자기희생도 자아인 에고의 강화라 하는 그는 자신이 패배주의자가 아니라 전략가라면서, 인간이 동물의 차원을 넘어 신의 차원으로 가기 위해서는 영원을 체험하고 개성을 초월, 개인의 시야를 초월하는 의식의 확장을 필요로 한다는 신비주의에 들어가는데 이 장면에서는 올더스 헉슬리의 종교나 신에 대한 형이상학적 관점을 대변하는 듯한 느낌이 든다.

프롭터의 견성오도의 해탈과 깨달음의 순간에 대한 철학적 논증에 피트는 당황하지만 그에게 매력을 느끼면서 감동을 받고, 제레미 역시 때로는 반감을 가지고 그에게 반대논리를 펴지만 심오한 프롭터의 사고세계에 감명을 받는다. 스토이트는 프롭터가 공산주의 사상을 가졌다고 버럭 화를 내다가 고혈압 증세로 졸도할까 두려워 그만 돌아서고 프롭터는 그의 뒤를 쫓아가 태양열을 이용하는 기계를 보여주는 희극적인 장면이 연출된다. 진보에 역행하고 시계바늘을 거꾸로 돌리려는 프롭터의 사고방식을 공격하는 스토이트는 자신의 진취적 기상과 사업가적·조직적 수완, 소비자들에게 더 많은 상품을 공급하는 경영철학과 멀지 학장에게 3만 달러를 기증하는 박애정신을 뽐낸다. 오비스포는 버지니아와의 관능적인 육체관계에 흡족해 하고, 스토이트를 속이고 경멸하면서 그를 건성으로 진단한다. 프롭터는 제레미와 피트를 밀 빻는 기계, 베틀, 목수일, 금속일을 하는 헛간으로 데려가 자신의 자급자족적인 경제생활을 보여주고 빈민구제사업, 지배자 없는 평등한 사회, 중소기업 육성, 현대문명의 위기, 새로운 제도와 기술에 대한 자신의 심오한 철학을 보여주는데, 그래서 그는 소로우나 스키너, H. G. 웰즈, 올더스 헉슬리 등을 종합한 이상주의 사회 건설 사상가로 느껴진다.

제레미는 고문서를 뒤지다가 신비주의적인 메리노스라는 인물을 만나고 그가 쓴 라틴어 편지를 발견하여, 개성이란 자기의지이자 현실의 부정이며 신을 거부하는 것이라는 내용을 분석, 음미한다. 문학에서의 관능성, 동물적 직관력, 그리고 정신적 차원과 무시간성의 영원에 대한 경험적 차원 등에 대해 제레미와 메리노스는 상상 속에서 대화를 하고 토론을 벌인다. 제레미는 워즈워드의 시를 읽으면서 프롭터를 제정신을 가지고 있는 코울리지의 시에 나오는 '옛날의 뱃사람'과 비슷한 인물이라고 생각하면서, 그가 정신이상자가 아니라는 것을 깨닫는다. 버지니아를 중심으로 여러 인물들의 모습에 초점이 맞추어지는데 모두가 중독된 증세 속에서 죽음의 그림자가 있는 계곡으로 빠져 들어간다고 생각한다. 스토이트는 버지니아에 대한 근심 걱정으로 건강상태가 나빠지고, 점점 버지니아가 자기를 떠나가고 있다고 느끼면서 죽음이 임박해 옴을 자각한다. 소화는 안 되고 부와 재물도 그의 심란한 마음을 진정시키지 못한다. 제레미는 1780년, 1788년, 1789년의 한 백작이 쓴 일기문을 읽는다. 1799년의 어느 일기에는 "세상은 보는 이의 이미지를 반영하는 거울이다"라고 씌어 있다. 철학자, 연금술사로서 영원한 삶의 신비를 진흙 속에서 고기를 잡는 낚시꾼에게서 발견했다는 내용과 수명 연장에 대한 아이디어는 이미 18세기에 나왔다는 사실을 발견한다.

스토이트가 없는 가운데 제레미, 피트, 오비스포, 버지니아, 프롭터 등은 문학의 결함, 풍자의 위대함, 인간의 언어능력, 신의 경지에 들고자 하는 욕망 등에 대해 토론한다. 제레미는 백작의 일기를 계속 읽으면서 오비스포에게 말해주는데 그중에는 젊음을 유지하면서 2~3백 년까지 사는 잉어에게는 썩지 않는 물질이 있어서, 잉어의 골수와 생식기 내장을 가루로 만들어 생식을 하는 실험과 훈련을 했더니 정력이 넘쳐났다는 백작의 기록도 보여준다. 무병장수하려는 그 백작이나 스토이트는 시대만 다를 뿐 모두 한결같이 오래 살고 싶은 욕망의 소유자였던 것이다. 프롭터는 불교와 힌두교의 경전에도 기독교 성경처럼 비관주의적 철학이 있다고 말한다. 스토이트는 22층 옥상의 수영장에서 버지니아와 오비스포가 같이 있는 것을 목격하고 격분, 총을 가지고 간다. 정신이상 상태에 빠져 있는 그는 프롭터와 목재 일을 끝내고 돌아온 피트를 오비스 포로 잘못 알고 총을 쏘고, 피트는 사망한다. 피트의 장례식날, 프롭터와 제레미는 예술작품을 통해 그 시대의 사회적 여건을 읽을 수 있다는 점과 역사가, 신학자, 심리학자, 형이상학자들은 인간의 해방과 해탈을 직접 체험할 수 있는 사람들이라면서 브라우닝과 초서의 시에 대해 토론하고, 타자나 대학교 강당 개관식에 참여, 스토이트의 자선적 후원금을 찬양하는 멀지 학장의 연설을 듣는다.

오비스포와 버지니아는 심장마비 증세를 보이고 있는 스토이트를 데리고 두 명의 호버크 가문의 노부인을 찾아가 백작의 노쇠 지방질과 잉어의 내장분말이 가지는 상관관계를 알아보고자 한다. 그들은 캘리포니아에서 5일 동안 배로 대서양을 건너 런던에 도착하여 3일을 보낸다. 그 후 폐허가 되다시피한, 두 노파의 별장에 가보니 어느 나이 어린 여자가 그들을 지하로 안내한다. 서재를 거쳐 지하로 가는 긴 계단을 지나니 조그만 방들이 나타났는데, 세 번째 문이 있는 지하실에 괴물 같은 모습을 한 남자와 원숭이 같은 모습을 한 여자가 있다. 그 남자가 바로 201세의 고니스터의 5대 백작이고 그 여자는 하녀라고 오비스포는 말한다. 고지방이 없어 늙지 않고 죽음을 모르는 두 인물은 원숭이 태아 모습을 하고 있는 유인원으로 백작은 훈장을 달고 있다. 비자연적 수명연장, 인위적 불로장생 시도는 축복이 아니라 저주이며 이곳 지하는 천국이 아니라 지옥인 것이다.

이 작품에서도 작가의 이중적인 관점, 즉 인간의 인간적 차원을 초월한 모습으로의 변신 가능, 또 한편으로 자연스러운 인간의 조건을 거스르려 할 경우 인간은 짐승의 차원으로 하락한다는 이율배반적인 모순의식을 담고 있다. 인간과 원숭이 사이의 유사성과 차별성은 인간이 어떻게 하느냐에 달려 있다. 헉슬리의 또 하나의 미래상상 소설인 『원숭이와 본질』에서 이 문제는 더욱 더 심화된다.

『원숭이와 본질』

　　원숭이 같은 인간의 모습은 자주 풍자의 대상으로 올더스 헉슬리의 작품에 등장한다. 『멋진 신세계』에서 야만인 존은 인공적으로 제조되는 인간보다 차라리 더 자연적이기 때문에 인간적이고, 『수많은 여름이 지나간 후 백조는 죽다』에서는 인위적으로 수명을 연장하여 201세까지 사는 백작이 원숭이 같은 초라하고 지저분한 모습으로 나와 눈살을 찌푸리게 만든다. 『원숭이와 본질』이라는 특이한 제목의 작품은 미래상상소설로서 간디가 암살되는 날을 배경으로 시작된다. 주인공 '나'는 자유분방한 기질의 보브 브리그스라는 영화각본작가와 폐기 처분될 영화각본 「원숭이와 본질」을 발견하고 시의 형식으로 쓰인 작품의 원작자 윌리암 탈리스를 찾아, 캘리포니아 모하베 사막으로 간다. 그러나 탈리스는 6주 전에 죽었고, '나'는 탈리스의 과거 생애를 상상으로 추측한다. 탈리스의 시나리오에서는 초현실주의적인 분위기 속에서 원숭이 같은 동물들이 등장하는데 시간은 2108년 2월 20일로 설정되어 있다. 여기에서 올더스 헉슬리가 제시하는 또 하나의 암울한 미래세계의 모습을 볼 수 있다. 뉴질랜드 재탐험대는 북아메리카를 탐험하는데 아인슈타인 박사가 정복을 입은 원숭이들과 같이 배를 타고 있으며 신이 자식들이라는 짐승 같은 모습의 인간들은 잔인하다. 야유와 풍자의 시가 연속적으로 나오며 기독교 찬송가가 울려퍼진다.

지질학 교수 크레기, 생물학 교수 그램피언, 인류학자인 그의 아내, 심리학자 쉬네그록 박사, 공학박사 커드워스, 그 외여러 인물들이 뉴질랜드 재탐험대의 대원으로 등장한다. 세계는 문명이 파괴되고 살인, 약탈, 강도가 들끓는 야만적 지옥의 모습이고, 인간이 이성을 잃고 공포가 사랑, 지성, 미와 진리를 몰아내고 있다. 제3차 세계대전이 끝난 후 두목은 "더 이상 전지전능한 신은 없다"면서 대신 '베리알'이라는 악마를 신봉한다. 무너진 빌딩 곳곳에 인간의 시체들이 즐비하다. 사운드트랙으로 detumescence라는 말이 반복해서 나오고 있다. 이는 'tumescence'의 반대되는 어휘로 '수축' 혹은 '오그라듦'이라는 뜻으로 이 악마세계의 구호 같은 것이다. 병신과 불구자들이 신체적으로 오그라들어 결국 죽어가는 死의 찬가들인 것이다. 도심지 공공도서관의 책들을 솥아궁이에 불쏘시개로 태우면서 옥수수빵을 구워먹는데, 『정신현상학』이라는 책도 불 속에 던져진다. 악마가 숭상되고 뿔은 이 사회의 상징물로 존경을 받는다. 여자는 성스럽지 못한 정신의 소유자로 불구의 원천이라고 교육되고 있으며 죽은 사람의 해골로 컵을 만드는 공예기술이 있고, 핵 산업 때문에 인간이 썩어 죽어가고 있으며 여인들은 처형을 기다리며 기형아들과 함께 계단 위에 서 있다.

뚱뚱한 사제들이 행렬을 이루며 등장하자 두목은 들것에서 일어나 그들을 맞이하고 로스엔젤레스의 대형 경기장에서는 삭발한 여인과 기형아 자식들이 황금의 신을 찬양하는 찬송가를 부르는데 이 모든 것은 기술진보의 추악한 부산물이다. 전야제 행사로 아이들을 살해하는 장면에 풀 박사는 졸도하고 군중들은 "피!"라고 외쳐댄다. 최고의 권위를 갖고 있는 추기경 같은 인물은 세계의 역사를 설명하는데, 산업기계의 발달로 문명이 파괴되고 자연의 균형과 조화가 깨졌으며 150년간의 범죄적·비인간적 행동을 진보라고 불렀다고 말한다. 베리 알과 몰로크가 지배하는 현실은 인류가 스스로 자초한 것이고, 유럽이 패망했고 아시아가 혼돈에 빠졌으며 결국 '그것'이 일어났다는 것이다. '그것'이란 인류의 대재앙, 최후의 운명을 지칭한다. 전야제 의식이 끝난 뒤 대형경기장에서는 난장판이 벌어지고 2주 동안 교미기간이 선포된다. 광란의 잔치에 룰라와 풀도 참여하는데 풀은 어려서부터 학구적인 가정의 분위기 속에서 어머니의 과잉보호 때문에 여성과 정상적인 관계를 갖지 못하는 심리적 굴레로부터 벗어나려고 발버둥친다. 올더스 헉슬리의 작품 속에서 아들에 대한 어머니의 과잉보호와 애정이 후에 아들의 연인관계에서 어떤 장애로 작용하는지가 자주 거론되는데, 이는 D. H. 로렌스의 『아들과 연인』의 주제를 상기시킨다. 지금은 과학의 승리 덕택에 여성이 남성에게 먼저 접근, 구애하는 시대가 되었고 룰라를 다른 험악한 사내에게 빼앗긴 풀은 두 까무잡잡한 여자가 접근하자 음탕하게 그들과 애무하면서 새롭게 변신한다.

원자폭탄을 개발했을 때 인간은 기원전 900년 이전으로 되돌아갔다고 하면서 서양과 동양의 접촉에서 서로가 서로를 악용하고 잘못 모방하였기 때문에 베리알이 좋아하는 악마의 세계가 만들어졌다고 작가는 말한다. 서양과 동양이 서로의 단점을 보완하고 적절히 장점을 살려냈다면 베리알이 증오하는 천국이 이루어졌을 것이라고 생각한다. 베리알을 섬기는 사제가 되라는 추기경의 말에 생각할 시간을 달라면서 풀은 실험 농장에서 토마토 씨를 심으면서 6주간을 보낸다. 사랑, 평화, 기쁨이 세상의 본질인데 원숭이와 같은 마음으로 증오, 불안, 광란으로 점철되는 비운의 연속 속에서 비참해진 자신에 대해 풀은 절망하다가 몰래 공동묘지를 빠져나온 룰라에게 사랑을 고백하면서 비록 원숭이 같은 동물로 변했지만 아직은 인간이라고 말하자 룰라는 그가 자기를 죽이려한다며 불안에 떤다. 풀은 냉정과 확신을 가지고 아주 자신만만하게 젊음, 봄, 아침 등의 이미지가 가득한 사랑의 시를 읊어주면서 베리알보다 더

강한 것이 있기 때문에 그를 이길 수 있다고 말한다. 그는 악이 극도의 한계에 미치면 그것은 스스로 멸망하여 다시 모든 것의 질서가 찾아온다면서 그녀를 사랑의 세계로 안내한다. 두 사람은 성 가브리엘 산을 넘어 도망쳐 모하베 사막이 보이는 계곡을 타고 내려가 베이커스필드로 갈 생각이다. 가는 도중에 1882년에 태어나 1948년에 죽은 영화각본의 저자 윌리엄 탈리스의 묘지를 찾아간 그들은 그의 묘비에 쉘리의 시가 새겨져 있는 것을 보고 야만적 동물세계로부터 사랑의 도피를 결행하는 것이다.

기술의 발전이 자연을 정복했다고 뽐내지만 실제로는 자연의 조화와 균형을 깨뜨려 기술진보의 극치인 원자폭탄 같은 어마어마한 재앙 때문에 언청이, 몽골병 증세의 백치가 출산되고, 인간관계는 공생관계가 아니라 공멸관계로 전락되어 살벌한 장면이 연출된다. 인간이 원숭이만도 못한 야만적 동물로 퇴화되어 나오는 모습은 『멋진 신세계』의 야성미를 갖춘 존과 전혀 다르다. 작가는 풀의 입을 통해 자연자원의 고갈이 문명을 파괴하고 인류의 소멸을 초래했으며 원자폭탄 발사로 추정되는 '그것'이 일어난 뒤 인간정신은 900년 전으로 퇴보했다는 것을 강조한다. 영화 각본의 형식으로 쓰인 『원숭이와 본질』은 때때로 니체의 『짜라투스트라는 이렇게 말했다』의 산문시적 철학성을 연상시키는 문체를 선보인다. "사랑, 기쁨 그리고 평화, 이것들은 당신의 본질이자 세계의 본질인 영혼의 열매이다. 그렇지만 원숭이 마음의 열매, 원숭이의 주제넘은 생각과 반항의 열매는 증오이고 끝없는 불안이며 더욱 더 무시무시한 광란에 의해서만 완화되는 만성적 비운이다"와 같은 구절이 그 예에 해당한다.

『인식의 문』

올더스 헉슬리는 문학가, 예술비평가, 문명비평가로서 20세기에 커다란 업적을 남겼지만 인간을 탐구한 심리학자로서의 그의 업적도 괄목할 만하다. 그는 여러 심리학자, 약학자, 신경학자들이 메스칼이라는 멕시코 선인장에서 추출된 물질인 메스칼린이 신경계에 미치는 연구를 종합하여 『인식의 문』이라는 심리학적 저서를 써냈다. 그는 20세기에 들어와 가장 특이한 정신질환으로 치부되는 정신분열증이라든가 기타 여러 정신병 등에 메스칼린이 어떤 효과를 가져다주는지를 인지론적으로 전개하고 있다. 또한 블레이크, 스웨덴보르히, 바하 등 실제 역사상의 인물이나 세익스피어의 극중인물인 존 폴스타프 같은 신비주의적 인물들의 정신상태와 의식의 양상을 분류하여 점검하고 있으니,『인식의 문』은 어떻게 보면 인식론적 철학 에세이라 할 수도 있겠다. 실제로 그는 이 작품에서 메스칼린을 마시고 얻은 체험담을 이야기하는데, 적나라한 존재의 기적과 함께 느껴진 신비한 감각을 자세히 묘사하고 있다. 그는 순간적이면서도 영원한 생명의 존재인식, 순수한 존재의 영원한 소멸, 아주 세밀하고 특별한 존재들이 이율배반적으로 모든 존재의 성스러운 근원으로 파악되는 과정을 설명한다. 꽃들의 환한 빛깔과 모습에서 축복과 변형, 지극히 행복스런 비전, 황홀 극치감을 감지하는 것이다. 꽃들뿐 아니라 서가의 책들도 제각기 무슨 보석처럼 빛을 발하며 작가의 눈에 비친다. 그는 시공을 초월한 존재의 강렬함, 의미심장함, 그리고 상호관련성을 인식한다. 그것은 곧 끊임없이 변화하는 계시들로 구성된 영원한 현재 혹은 끊임없는 시간에 대한 체험이고, 대상과 혼연일체가 되는 경지, 해방되고 총체적인 마음을 획득하는 것이다. 그는 구체적인 메스칼린 반응이 첫째, 명료하게 생각하기, 둘째, 시력의 강화, 셋째, 특별한 일을 하겠다는 의지력의 약화, 넷째, 내적 세계와 외적 세계에서 이탈되는 느낌 등이라고 구체적으로 밝히고 자아의 마지막 단계로 우주의 모든 것을 인식하는 초심령 단계로 들어간다. 그림이나 조형예술에서 발견되는 어떤 신비적인 내밀한 의미가 포착되는 순간, 성스럽고 본질적인 비자아의 표현이 가능하다. 그것은 정화된 인식의 문이고, 끊임없는 긴장되지 않은 깨어있음과 올바른 행동에 의해 올바른 세계관을 실행할 수 있는 사람들에

계만 가능한 것이다.

주인공은 기독교나 맑스사상, 프로이트의 심리학과 같은 서구문명보다 이러한 인디언들의 초월주의적 체험이 더 탁월하다고 느낀다. 그는 열려있는 어떤 것에도 구애받지 않고 활연히 개방되고 시공을 초월하는 대오각성의 순간을 메스칼린을 통해 체험하였다. 말이 가지는 이중성을 지적하고, 언어의 한계를 초월, 직관으로 세계를 볼 수 있는 경지와 말이 없는 자연의 무게를 인식하며, 말이 없는 직관적 인식을 교육시킬 필요가 있다고 주장한다. 사물의 본질적 내재성을 느낄 수 있는 총체적 이해에 도달하여 체계적 관념이나 논리의 허황된 세계에만 파묻히지 말고 토마스 아퀴나스가 영감적 명상에 도달, 쓰던 책을 중단하고 말의 무용성을 깨닫는 것처럼 벽 속에 와 있는 지각의 문을 통해 들어가 더 현명하고 더 행복하고 더 겸손하며 말과 사물의 상관관계나 체계적 이성과 그것이 영원히 파악코자 하는, 깊이를 잴 수 없는 그 신비 사이의 관계를 이해하기 위해 더 잘 준비가 되어야 한다고 결론짓는다.

토마스 아퀴나스는 모든 것을 깨닫고 나서 글 쓰는 것을 포기했다는 일화로 유명하다. 올더스 헉슬리는 흥분이 없고 욕망이 없는, 청정하고 무심한 마음을 강조하는 독일의 신비주의자 에크하르트도 인도철학에서 많은 영향을 받았다는 것을 밝혀낸다.

『만년 철학』

올더스 헉슬리는 문학가이자 심리학자이며 철학자였다. 그
는 어느 신성한 본질적인 실체에 대한 직접적 통찰력을 담은
인도의 철학이라든가 선지자, 성자, 예언자들의 말에 귀를 기
울일 필요가 있다고 본다. 심리적, 윤리적 실험을 통해 마음의
내밀한 성격과 그 잠재력을 발휘하기 위해서라는 것이다. 직
관을 통한 도통, 혹은 신성한 경지에 드는 것을 강조한다. '만
년철학'의 공부법으로 그는 세 가지를 든다. 제일 낮은 문은
부처이고 제일 높은 문은 철학자, 신학자들이며, 중간의 문으
로서 인도의 명상가들, 회교도의 수피교도들, 중세 이후의 가
톨릭 신비주의자들, 개신교의 덴크와 프랭크, 퀘이커교도인
존 스미스 등을 든다. 올더스는 자신에 대한 발견, 혹은 자신

속에서 신의 모습을 발견하는 유신론적 철학을 최고로 친다. 우파니샤드, 힌두 베다성전을 자주 인용하면서 '나와 전 세계, 우주와의 합일의 경지'를 반복해서 말한다. 그는 철학의 근원을 복합성의 근거인 단일한 것에 대한 직관 속에 있다고 본다. 자신의 맑고 분명한 정신적 인식, 즉 개인의 정신이 우주의 정신과 일치되어 해탈과 자유를 얻을 때 본질적 실체를 포착할 수 있다는 것이 그의 생각이다. 다시 말해, 요가의 신체적 훈련과 생명의 본원인 아트만과 브라만의 일치된 경지에서 순수하고 절대 영원한 실체를 파악하는 것이다. 초월적인 것의 보편적 내재성을 모든 것의 정신적 초월로 보는 노장사상을 중시하고 또 불교와 선사상에서 깨달음의 단초를 찾는다. 또한 에크하르트 같은 13~15세기경의 가톨릭 신비주의자들 혹은 서기 전후 시대의 필로 같은 신비주의적 종교가 등이 만년철학의 전통으로 표현되었다. 분석적 사고의 발달은 종합적 사고를 지향하는 직관에 치명적이기 때문이다.

모든 존재의 신성한 근거는 분석적 사고의 언어로 표현될 수 없는 인간에 의해 직접 체험 인식되는 절대성이다. 올더스 헉슬리는 회교, 불교, 힌두교, 기독교 등의 여러 성전에 대한 면밀한 탐구와 해박한 지식을 총동원하여 각각을 비교 분석한다. 인간의 마음과 육체의 상호연관성 및 초감각적 인식 특히 에크하르트의 정신적 체험과 대승불교에서 말하는 공에 대한 깨달음의 빛을 비교하고 인도의 형이상학적 사상과 기독교적 사상과 연계시켜 자신의 논지를 전개시키기도 한다. 자아의식과 자기집착은 신성한 연합적·종합적 인식을 방해한다. 인간에게는 신성한 측면이 있어 해탈, 대오각성할 수 있는 능력이 있고, 매 순간을 위기로 여겨 살신성인하는 자세로 정진수련할 때 영원한 실재를 터득할 수 있다. 이는 부처의 열반의 경지 같은 것이다.

올더스는 1941년부터 1970년까지 『베다철학과 서구』라는 격월간지에 자신의 철학적, 종교적, 신비적인 40개의 글을 발표하면서 인도의 선각자와 교류했고 정신적 깨우침을 가져다주는 메스칼을 실험하고 선불교에 접근했다. 사랑, 평화, 신성, 은혜, 기쁨, 아름다움, 존재의 7가지 명상을 제시한다. 젊은 시절의 올더스 헉슬리는 신이나 종교에 대해 혐오감을 갖고 생명, 사랑, 성을 찬양하며 생명 긍정 사상을 가진 로버트 번즈, D. H. 로렌스, 윌리엄 블레이크 등을 존경했다. 20여 년간 지녔던 쾌락주의적 생명관은 차츰 신비주의적 세계관으로 변모하면서 그는 다신주의적 절충 통합의 종교관을 갖게 되었다. 신비주의는 명상과 사랑을 통한 영혼의 절대자인 신과의 화합이라고 보고 인도의 우파니샤드 철학과 대승불교 사상에 관심을 갖게 된다. 그는 이론적 지식에 기반해서 이론적 혼란으로 끝나는 순수 사유의 서양철학에 반해, 자아에 대한 탐구에서 출발해서 얻어진 경험에서부터 의미를 사유하고 이론화한다는 점이 동양철학의 특징이라 보았다. 그중 신비적 경험은 본질적으로 일상적인 언어적 의식보다 높은 차원에 있는 순수의식의 형태를 의식하며 그 경험이 계속되는 동안 그것과 일치되는데, 그때의 의식은 비개인적 무형체적, 무시간적 의식이라 하였다. 불교의 피안의 지혜와 대자대비의 정신은 우주와 하나가 됨을 지향하며 만유에 대한 사랑, 자비로 나타나는 좋은 예이다. 이는 곧 심오한 자아인 아트만이 보편적 원리인 브라만과 일치되는 경지이기도 하다.

깊은 자아를 통제하거나 자유롭게 하는 것은 내적인 깨달음의 빛이며 그것은 자신의 개인적 빛에서 초월, 사랑, 환희, 평화 그리고 자비심을 통해 천지에 퍼지게 하는 과정이다. 올더스 헉슬리는 예술과 문학의 모범적 인물로 세익스피어를 높이 평가하여 작품 속에서도 그를 많이 언급하고 있는데,『멋진 신세계』『시간은 멈추어야 한다』등 그의 작품 제목은 세익스피어의 시에서 따왔다. 세익스피어의 마지막 작품『폭풍우』는 그의 생애에 대한 하나의 알레고리로서 주인공 프로스페로가 인생의 허무를 깨닫고 모든 마술을 버리면서 화해로 꿈같은 인생의 대단원을 맺는 것은 대승불교적 속성이라고 해석한다. 무시간 속에서 사는 인생, 그래서 신비주의 존재론적 종교 속으로 들어가 수많은 종교와 수많은 세익스피어를 원융관철하는 것이야 말로 인간이 사는 도리라는 것이다.

맺는 ^말

올더스 헉슬리는 1963년 69세의 나이로 죽을 때까지 소설, 시, 단편집, 심리학, 철학, 과학, 사회비평, 문명비평 등 무려 30권의 책을 내면서 백과사전적 박학다식을 유감없이 발휘하였다. 독설가적인 매서운 비판의 날을 세우는가 하면 장난기 있는 위트와 유머의 대가이기도 하였으며, 진리는 시궁창 바닥에 있다는 아주 서민의식적인 인생관과 문학관, 용기 있는 실험정신을 가지고 인간을 탐구한 인간학의 거두였다. 때로는 과학기술의 발달과 인간의 오만함 때문에 미래인류의 파멸을 예고하는 어두운 예언자적 작품을 많이 남겼지만 그는 그 대안을 인간성의 회복, 동양정신, 그리고 이율배반적 상대요소를 아우르는 포용적 만년철학의 개념으로 완성하여 제시하였다.

그는 무엇보다도 풍자, 이념과 사상의 매체로서 문학을 구사하여 기술발달과 과학의 지나친 남용으로 인한 서구문명의 몰락과 파괴상을 적나라하게 그려 우리에게 깊은 경각심을 불러일으키고 있다. 그는 중용의 가치를 통해 모든 모순적 대칭 관계를 지양하여 조화 있는 질서의 방향으로 나아갈 것을 주장했다. 극단적 행태를 벌이고 있는 팽창주의적 세력에 의한 오만과 압력 앞에 깜빡거리는 오늘날 서구문명의 위기적 상황을 생각할 때 올더스 헉슬리가 던지는 예언자적 메시지는 우리가 21세기를 살며 커다란 지표와 귀감으로 삼아야 될 것이다. 올더스 헉슬리가 서구문명의 몰락에 대한 치유책을 찾고자 했던 동양적 가치관과 신비주의적 정신세계의 오묘함에 대한 우리 자신의 새로운 일깨움과 본연의 자세로 되돌아오는 원시반본原始返本의 필연적 사유가 여기에 있다.

과학기술 중심의 오만한 문명은 결국 인간파멸의 재앙을 불러온다는 그의 문명사적 시각은, 서구문명과 사상에 대한 비판에 있어 사회심리학자인 에리히 프롬의 견해와 상통하고 있다. 프롬은 그의 『사랑의 예술』이라는 저서에서, 서구 현대 문명은 시장경제의 원리와 소비지향의 대량생산으로 인해 인간이 규격화된 상품처럼 취급되어 소외감, 불안, 노이로제 등의 병적 상태를 야기시켜 놓았고, 그 단절감의 병적 상태가 극복될 수 없을 때 기계 같은 자동인형의 존재로 전락한다고 주장한다. 정서적, 감정적으로 미성숙되어 사랑할 줄 모르는 현대인이 생성되고, 신뿐만 아니라 인간 스스로에 대한 사랑의 해체는 지나친 자기도취적 성향을 유발하여 사물의 실체에 대해 객관적으로 사고할 수 있는 합리성이 결여되어 자기중심적으로 해석하여 본질을 왜곡시킨다는 것이다. 진정한 사랑의 실천으로 프롬이 구체적으로 제시하는, 자발적인 자아의식 개발, 참선과 단전호흡 등의 명상법을 통한 정신집중 훈련, 교육제도의 개선 등은 헉슬리의 주장과 흡사하다. 프롬은 무엇보다도 자기 자신에 대한 믿음을 통해 세계와 인류에 대한 믿음을 개발해야 하는데, 그것은 바로 생산적인 사랑의 실천을 통해서라고 강조한다. 인간의 본질에 대한 통찰력에 기반을 둔 합리적 신뢰로서 『사랑의 예술』에서 현대문명의 위기에 대한 처방을 찾고 있는 프롬은 또 한편으로 세익스피어 같은 예술가들의 상징언어가 현대인에 의해 잊혀진다고 지적하고 있는데, 이 점에 있어서도 헉슬리와 유사하다. 꿈, 신화, 동화에서 사용되는 상징언어는 영혼과 정신의 내적 경험을 감각체험처럼 외적으로 표현한 것으로서 시간과 문화의 벽을 초월하는 인간의 심오한 보편적 공통어라는 것이다.

어려서부터 축적된 난해하고 신비스러운 주제에 대한 백과사전적 지식을 이용, 사물의 본질을 이해함으로써 인생과 우주에 대한 깨달음에 도달하는 것이 올더스 헉슬리의 문학적 목표였다. 현대 문명을 비판한 그의 작품 『멋진 신세계』에서 몬드와 존으로 각각 대변되고 있는 과학 기계주의에 입각한 물질문명과 인간의 예술적 직관과 상상력에 입각한 인간성 회복이 조화로운 화합과 중용을 이루어야 한다는 철학이 깔려 있다. 과학이 잘못된 방향으로 남용될 때 발생하는 부작용에 대한 엄중한 경고를 하고 있는 것이다. 『멋진 신세계』는 기술 발달에 의한 이상국가 건설은 하나의 허구이며 정반대의 파국적 결과를 몰고 온다는 역설을 여실히 보여주고 있다.

「인간의 발전에 대한 몇 가지 논고」에서 헉슬리는 자연을 정복하려는 노력의 결과가 저능아와 기형아의 출산으로 나타남을 지적하면서 그것은 인간의 오만함에 대한 천벌이며 유린당한 자연이 가져다주는 복수라고 주장한다. 그는 인간 개개인의 품성과 타고난 소질이 희생되는 생물학적 진보는 인간 이하의 저차원으로의 후퇴이며, 과학기술의 발전이 바로 인간 발전은 아니며 오히려 원시적 인간이 더 행복하고 덕이 있으며 창조적일 수 있다고 말한다.

특유의 백과사전적 지식 가운데 과학지식을 동원하여 기계 문명이 가져올 끔찍한 미래상을 그려 서구문명의 인간성 말살을 예언한 헉슬리는 차츰 그것에 대한 대안으로 인간존재의 본질과 인간의 본연성에 대한 철학적 탐색을 시도하면서 동양의 심오한 정신문화로 방향을 돌렸다. 헉슬리는 「지식과 깨달음」이라는 글에서 지식보다 깨달음을 더 우선적으로 치면서, 깨달음은 과거의 경험을 바탕으로 한 개념체계인 지식의 축적에서 오는 게 아니라, 새로운 경험에 대한 자발적이며 직접적인 통찰력이라고 말함으로써 서양철학보다도 동양철학에 더 근접하는 사상의 면모를 보인다. 인간의 커다란 유산이면서도 한편으로 치명적인 해가 될 수 있는 말에 의존한 지식교육은 인간의 자아실현을 방해한다면서, 언어의 횡포와 사회적 관습으로부터 해방될 때에만 직관적인 깨달음에 이를 수 있다고 한다. 노장사상이나 우파니샤드 같은 힌두교 사상, 불립문자의 선불교사상, 에크하르트 같은 신비주의자들의 역설의 논리를 자주 예로 들면서 스스로를 안다는 것은 총체적 인식이며 진리는 가르쳐지는 게 아니라 스스로 터득하는 것이라는 입장이다.

쾌락적 주지주의 입장에서 신비주의 입장으로 바꾸면서 정신세계에 관심을 쏟기 시작한 헉슬리는 인도를 방문하여 불교나 힌두교의 교리들을 섭렵하고 가톨릭교의 신비주의자들에게도 심취한다. 동서양의 역사적 성인, 예언가들의 명언을 수집하고, 그들의 다양한 관점을 총망라, 절충하여 그의 만년철학의 개념을 창조하여, 인간의 신에로의 보편적 접근방법에 대해 설명하고 있는데, 그의 이론 탐구는 모든 주요 종교의 공통적인 원리, 즉 진리는 보편적이며 신은 하나라는 사실을 증명하기 위해 초심령 과학에까지 미치고 있다. 특히 인도의 요가사상과 중국의 대승불교, 선사상에 몰입하여 그들의 본질적 자연관과 우주관을 여러 논문 속에서 해명했고 소설 속에서 구체화시켜 묘사했다. 이런 그의 신비주의 사상 속에는 존재와 부재, 말과 침묵, 빈 것과 가득 찬 것 등의 모순 사이에서 역설적 진리를 깨닫는 불교적 인식론이 커다란 역할을 하고 있다.

잭크린 브리쥐먼이 편집한 헉슬리의 신에 대한 수필 모음집인 『헉슬리와 신』이라는 책은 헉슬리의 여러 종교에 대한 비교 연구, 특히 동양철학과 신비주의 그리고 종교와 다른 여러 제반 문제와의 연관성에 대한 연구가 얼마나 광범위하고 깊이 있는가를 잘 증명해주고 있다. 달마의 선사상을 이은 육조선사 혜능에 대한 일화라든가 선에 대한 글들은 서구인으로서 동양사상에 깊은 이해를 가진 그의 철학적 경지를 잘 드러낸다. 올더스 헉슬리의 문학정신은 후기에 신비주의적 경향으로 기울지만 전반적으로는 과학적 인도주의에 근거하고 있다. 그는 이율배반적·모순적인 인간 존재에 대한 아주 노골적인 분석으로 인간이 신의 경지와 동물의 차원 사이에서 고민하는 모습을 부각시킨다. 헉슬리는 인간 존재의 본질은 사랑에 있음을 그의 모든 작품 도처에서 보여주고 있는데, 그 사랑은 정신적 사랑과 육체적 사랑의 양분된 모습으로 나타나기도 하며, 육체적·관능적 사랑에 대한 주인공들의 집요한 추구는 때때로 비정상적이기까지 하다. 지나친 관능의 포로가 되어 애욕에 집착할 경우 나타나는 비인간성을 폭로하기도 하고 그 유혹에 넘어가는 인간의 연약함도 부각시켜 인간 조건의 부조리성을 주제로 삼는 것이다.

60세인 억만장자 스토이트가 22세의 버지니아에게 느끼는 육체적 집착, 버지니아를 둘러싼 의사 오비스포와 그의 조수 피트의 경쟁의식, 유스타스의 관능적 애정행각과 세바스찬의 젊었을 때 가정부와의 정사, 수녀 같은 금욕주의적 아내에게 만족을 못 느끼는 윌이 성욕의 노예자가 되어버린 바브스와 벌리는 외도 등은 부정적으로 다루어지지만 존과 릴리안, 풀과 룰라의 관계는 긍정적으로 묘사되어 그것과 대조를 이룬다. 특히 38세인 대학교수 풀은 어머니의 과잉보호 때문에 여성에 대해 복합심리를 보여오다가 죽음의 위기에 몰리는 룰라를 만나 신성한 사랑의 감정을 느껴 새로운 인간으로 변신, 용감히 감시망을 뚫고 자유를 찾아 도피함으로써 사랑의 위대한 힘을 실증한다.

헉슬리는 D. H. 로렌스의 성 해방과 인간 본연성 회복에 깊이 공명하여 그와 가까이 교류했고 로렌스의 모든 편지들을 모아 편집했으며 로렌스가 죽을 때에는 임종을 지켜보고 로렌스의 여인, 프리다와 많은 대화를 가졌다. 시간이라든가 욕망, 증오, 개인의 제한된 성품으로부터의 해방을 강조하는 그의 초월주의적 사상은 로렌스의 문학사상과 일맥상통하는 면을 가지고 있다.

올더스 헉슬리의 문학정신은 양면적 시각의 견지 속에서 반대적 두 요소를 중용으로 화합시켜, 인간이 동물과 신의 간극 속에서, 그 본연성을 지키면서 자멸하지 않고 인간의 유산인 언어를 통하여 새로운 차원으로 승화하는 데에서 찾을 수 있다. 그는 '동양의 신비주의가, 서양의 과학이 적절히 사용되게 보장하고, 동양의 삶의 예술이 서양의 에너지를 순화시키고, 서양의 개인주의가 동양의 전체주의를 완화시키는 것'을 작가인 자신에게 주어진 임무라고 여겼다. 올더스 헉슬리는 동양과 서양의 상호보완적 화합에 의해 현대문명의 위기를 슬기롭게 극복해야 한다는 자연친화적 인본주의 사상을 시종일관 실천한 작가였다.

올더스 헉슬리 오만한 문명과 멋진 신세계

펴낸날	초판 1쇄 2006년 7월 30일
	초판 3쇄 2015년 4월 14일

지은이	김효원
펴낸이	심만수
펴낸곳	(주)살림출판사
출판등록	1989년 11월 1일 제9–210호

주소	경기도 파주시 광인사길 30
전화	031–955–1350 팩스 031–624–1356
기획 · 편집	031–955–4671
홈페이지	http://www.sallimbooks.com
이메일	book@sallimbooks.com

ISBN	978–89–522–0542–1 04080

376 좋은 문장 나쁜 문장　　eBook

송준호(우석대 문예창작학과 교수)

어떻게 좋은 문장을 쓸 수 있을 것인가? 우선 좋은 문장이 무엇이고 그렇지 못한 문장은 무엇인지 알아야 할 것이다. 대학에서 글쓰기 강의를 오랫동안 해 온 저자가 수업을 통해 얻은 풍부한 사례를 바탕으로 문장교육을 제대로 받지 못한 독자들에게 좋은 문장으로 가는 길을 제시하고 있다.

051 알베르 카뮈　　eBook

유기환(한국외대 불어과 교수)

알제리에서 태어난 프랑스인, 파리의 이방인 알베르 카뮈에 대한 충실한 입문서. 프랑스 지성계에 혜성처럼 등장한 카뮈의 목소리는 늘 찬사와 소외를 동시에 불러왔다. 그 찬사와 소외의 이유, 그리고 카뮈의 문학, 사상, 인생의 이해와, 아울러 실존주의, 마르크스주의 등 20세기를 장식한 거대담론의 이해를 돕는 책.

052 프란츠 카프카　　eBook

편영수(전주대 독문과 교수)

난해한 글쓰기와 상상력으로 문학사에 커다란 발자취를 남긴 카프카에 관한 평전. 잠언에서 중편 소설 「변신」 그리고 장편 소설 『실종자』와 『소송』 그리고 『성』에 이르기까지 카프카의 거의 모든 작품에 대한 해석을 담고 있다. 또한 이 책은 카프카의 잠언과 노자의 핵심어인 도(道)의 연관성을 추적하는 등 새로운 관점도 보여 준다.

271 김수영, 혹은 시적 양심　　eBook

이은정(한신대 교양학부 교수)

힘과 새로움으로 가득 차 있는 김수영의 시 세계. 그 힘과 새로움의 근원을 알아보고 지금까지와는 다른 새로운 독법으로 그의 시 세계를 살펴본다. 그와 그의 시에 대해 깊은 애정을 가진 저자는 김수영의 이해를 위한 충실한 안내자 역할을 자처한다. 김수영의 시 세계를 향해 한 발 더 들어가 보고자 하는 독자들에게 유익한 책이다.

369 도스토예프스키

박영은(한양대학교 HK 연구교수)

『카라마조프가의 형제들』과 『죄와 벌』로 유명한 러시아의 대문호 도스토예프스키. 그의 작품에 등장하는 생생한 인물들은 모두 그의 힘들었던 삶의 경험과 맞닿아 있다. 한 편의 소설 같은 삶을 살았으며, 삶이 곧 소설이었던 작가 도스토예프스키의 생의 한가운데 서서 그 질곡과 영광의 순간이 작품에 어떻게 드러나는지를 살펴본다.

245 사르트르 참여문학론

변광배(한국외대 불어과 강사)

사르트르의 『문학이란 무엇인가』에서 전개된 참여문학론을 소개하면서 억압받는 자들을 위한다는 기치를 높이 들었던 참여문학론의 의미를 성찰한다. 참여문학론의 핵심을 이루는 타자를 위한 문학은 자기 구원의 메커니즘에 문제가 생겼을 때 이 문제를 해결하고, 그 메커니즘을 보충하는 이차적이고도 보조적인 문학론이라고 말한다.

338 번역이란 무엇인가

이향(통역사)

번역에 대한 관심이 날로 늘어 가고 있다. 추상적이거나 어렵게 느껴지는 번역 이론서들, 그리고 쉽게 읽히지만 번역의 전체 그림을 바라보기에는 부족하게 느껴지는 후일담들 사이에 다리를 놓는 이 책은 번역의 이론과 실제를 동시에 접하여 번역의 큰 그림을 그리고자 하는 독자들에게 안성맞춤이다.

446 갈매나무의 시인, 백석

이숭원(서울여대 국문과 교수)

남북분단 이후 북에 남았지만, 그를 기리는 많은 이들의 노력으로 백석은 현재 우리나라에서 가장 주목받는 시인 중 한 사람이다. 이 책은 시인을 이해하는 많은 방법 중 '작품'을 통해 다가가기를 선택한 결과물이다. 음식 냄새 가득한 큰집의 정경에서부터 '흰 바람벽'이 오가던 낯선 땅 어느 골방에 이르기까지, 굳이 시인의 이력을 들춰보지 않더라도 그의 발자취가 충분히 또렷하다.

함께 읽으면 좋은 책

문학

053 버지니아 울프 살아남은 여성 예술가의 초상 `eBook`

김희정(서울시립대 강의전담교수)

자신만의 독창적인 글쓰기 방식을 남기고 여성작가로 살아남는다는 것이 어떤 의미를 갖는지를 보여 준 버지니아 울프와 그녀의 작품세계에 관한 평전. 작가의 생애와 작품이 어우러지는 지점들을 추적하는 방식으로, 모더니즘 기법으로 치장된 울프의 언어 저변에 숨겨진 '여자이기에' 쉽게 동감할 수 있는 메시지들을 해명한다.

018 추리소설의 세계

정규웅(전 중앙일보 문화부장)

추리소설의 역사는 오이디푸스 이야기까지 거슬러 올라간다. 저자는 고전적 정통 기법에서부터 탐정의 시대를 지나 현대에 이르기까지 추리소설의 역사와 계보를 많은 사례를 들어 재미있게 설명하고 있다. 추리소설의 'A에서 Z까지', 누구나 그 추리의 세계로 쉽게 빠져들게 하는 책이다.

199 디지털 게임 스토리텔링 `eBook`

한혜원(이화여대 디지털미디어학부 교수)

디지털 시대의 새로운 이야기 양식을 소개한 책. 디지털 패러다임의 중심부에 게임이 있다. 이 책은 디지털 게임의 메커니즘을 이야기 진화의 한 단계로서 설명한다. 게임의 역사에 있어서 중요한 패러다임의 변화, 게임이라는 새로운 지평에서 펼쳐지는 새로운 이야기 양식에 대한 분석 등이 흥미롭게 소개된다.

326 SF의 법칙

고장원(CJ미디어 콘텐츠개발국 국장)

과학의 시대다. 소설은 물론이거니와 영화, 애니메이션, 만화, 게임 등 온갖 형태의 콘텐츠가 SF 장르에 손대고 있다. 하지만 SF 콘텐츠가 각광을 받고 있는 것에 비해 이 장르에 대한 깊이 있는 이해를 도울 만한 마땅한 가이드북이 존재하지 않는다. 이 책은 이러한 아쉬움을 채워주기 위한 작은 출발점이 될 것이다.

eBook 표시가 되어있는 도서는 전자책으로 구매가 가능합니다.

㈜살림출판사
www.sallimbooks.com
주소 경기도 파주시 문발동 522-1 | 전화 031-955-1350 | 팩스 031-955-1355